영적
천재들의
이야기

영적 천재들의 이야기

한양훈 엮음

有하

영적 천재들의 이야기

초판 발행	2013년 5월 3일
2쇄 발행	2015년 3월 20일
엮은이	한양훈
발행인	한뿌리
펴낸곳	실로암 세계선교회(SWMO)
출판사	有하
등록	2014년 4월 24일 제 387-3190000251002000000035호
저자 연락처	010-3394-5257, 010-8357-5257
	이메일 hyh530205@naver.com

값 12,000원
ISBN 978-89-967450-7-5

* 이 책의 저작권은 저자에게 있습니다.

들어가는 글

소년 시절 나는 천재들에 대한 이야기를 많이 보고 들었다. 그럴 때마다 나도 천재 소리를 들어보았으면 하는 생각이 마음 한 켠에 있었다. 하지만 내게는 어떤 천재적인 면도 보이지 않아 늘 조금은 아쉬운 마음을 가졌었다. 천재란 보통 사람과 비교할 수 없는 탁월한 면을 가진 사람이다. 그런 의미에서 하늘이 내려준 인재라고 볼 수 있다.

물론 천재라고 해서 모든 면에서 탁월한 것은 아니다. 어느 특정한 부분에서 다른 사람이 따라올 수 없는 역량을 가진 것이다. 때문에 지능에서만 천재가 있는 것이 아니라 문학, 음악, 미술 부분에도 천재가 있다. 물론 스포츠계도 마찬가지다. 최근에는 사회, 정치 부분에도 천재가 있다고 한다.

이렇게 볼 때 종교적인, 특히 기독교 안에서의 천재도 있을 수 있는데 그들을 영적 천재라고 할 수 있다. 성경을 보면 영적 천재들이 많이 있었는데, 그들의 천재성은 그 당시 세상 누구와도 비교할 수 없었다.

2천 년 교회 시대의 경우 성 프란시스, 어거스틴, 루터, 칼빈, 웨슬리, 요나단, 에드워드, 무디 등이 탁월한 인물이다. 또한 아빌라의 테레사나 쟌느 귀용도 있다. 그들은 그들이 살았던 시대에서 독보적인 존재들로서, 하나님을 깊이 알았고 성도들에게 큰 영적인 도움을 주었다. 보통 사람들은 대개 이와 같은 천재들의 행동을 이해하지 못했고, 심지어는 핍박을 하기도 했다.

나는 이 시대에 영적 천재는 있을까, 있다면 과연 어떤 모습일까 생각해본다. 그 답은 성경 인물들에게서 찾을 수 있었다.

그들은 아브라함처럼 하나님과 깊이 대화하거나, 모세와 엘리야처럼 큰 능력을 행하거나, 세례 요한처럼 세속을 떠나 회개 운동을 일으키거나, 선지자들처럼 하나님의 뜻을 알고 백성들을 바로 인도하는 데 탁월한 능력과 삶을 보여줄 것이 분명하다. 비록 성경의 위인들만큼은 되지 못한다 해도 상당 부분 비슷한 능력이 나타날 것이며, 그 수는 소수일 것이다.

나는 영안이 열린 후 아내와 함께 지난 8년 동안 소수의 목회자 자녀들을 대상으로 영적인 훈련을 해왔다. 그리고 2013년 1월에 수련회를 가졌는데 그 중 26명의 생각과 삶이 담긴 이야기를 책으로 펴내게 되었다.

나는 그들이 영적 천재 혹은 영적으로 상당한 수준에 도달하기를 소원하며 훈련을 시켜왔다. 비록 이 책에 글이 소개되지는 않았지만 그 밖의 탁월한 제자들도 많이 있음을 밝혀두고 싶다.

이 책에 기록된 이야기들은 영적 젊은이들의 고백으로 주님을 깊이 사랑하기 원하는 사람들에게 도움이 되기를 소원한다. 책이 나오기까지 수고한 이용순 목사님과 여러 동역자들 그리고 나의 비서 이소진 자매에게 감사드린다.

2013. 5. 1.
실로암에서 한양훈 목사

차례

영적
천재들의
이야기

들어가는 글 … 5
영적 천재를 둔 부모들의 이야기 … 11

1부 영안이 열린 평신도 자녀들

주님이 보시는 것을 보게 되었어요_이청한 … 23
영적인 체험은 축복입니다_박재민 … 31
회개 기도는 계속되어야 합니다_조건호 … 40
기도하며 주님께 나아갑니다_조성호 … 46
삶의 변화, 그 기쁨_장디모데 … 55

2부 영안이 열린 목회자 자녀들(중·고생)

영적인 세계는 민감하다_이환호 … 65
날마다 회개에 힘써요_김하은 … 75
주님과 진로를 의논해요_고석훈 … 81
주님께 직접 여쭤봅니다_김종현 … 85
주님께 더욱 경건하기 원합니다_김철식 … 91

주님과 함께 천국을 느껴요_박진아	98
영의 세계를 보는 눈_홍인표	105
모두에게 이 사역을 알리고 싶어요_김희찬	110
주님의 나라를 준비하는 자_이평화	114
변화된 제 모습에 감사합니다_홍혜리	122

3부 영안이 열린 목회자 자녀들(대학·청년)

영의 세계, 그 무한한 영역_서한나	135
영의 눈으로 천국을 봅니다_정바울	145
십자가를 세웁니다_윤요셉	154
그리스도의 군사 되어_김승찬	164
세상과 치열하게 싸워야 합니다_이마리아	173
믿기지 않던 세상을 봅니다_전친송	185
주님만 바라봅니다_양주영	197
이 땅을 살아가는 이유_김현태	204
비밀스럽고 조심스러운 능력_이실명	213
날마다 십자가를 져야 합니다_이베델	226
주님 안에서 완성되어갑니다_이소진	237
나오는 글	255

영적 천재를 둔 부모들의 이야기

영적
천재들의
이야기

실로암을 통해
영안이 열린
자녀들을 보며

파주 월드림 센터 이용순 목사

저희 가족은 많은 축복을 받았습니다. 저희 아이들이 하나님을 중심으로 모신 삶이 확고해졌고, 흔들리지 않는 신앙이 세워졌기 때문입니다. 이번 동계 수련회에 다른 집사님 자녀들도 함께 보냈는데 결과는 놀라왔습니다. 인생의 꿈이 생기고 회개의 중요성을 알게 된 것입니다. 더 나아가 스스로 공부하겠다는 결심을 이야기할 땐 부모들의 놀라움이 이루 말할 수 없었습니다.

10년 이상 귀에 박히도록 말해도 변하지 않던 아이가 변화되기 시작한 것입니다. 교회에도 생기가 돌았습니다. 회개를 통한 하나님의 인도하심에 감격과 축복을 누리고 있기 때문입니다.

파주 교하 센터 이종대 목사

저희 아이들이 실로암을 만난 후, 친구들과 어울려 보내는 시간이 줄고 기도와 말씀을 중심으로 경건 생활에 힘쓰는 모습으로 변화되었습니다. 또한 기쁨이 충만하여 적극적인 자세로 교회학교를 섬기고 봉사하는 아이들이 되었습니다. 특히 막내 아이는 자존감이 많이 회복되었고 활력이 넘치는 모습으로 생활하게 되었습니다.

실로암 사역의 좋은 점은 이렇게 반드시 삶이 변화되는 열매를 맺는 것입니다. 더 깊이 집중하여 기도하고 주님과의 친밀한 관계를 추구하는 삶으로 변화되는 것입니다.

서울 승리 센터 이계석 목사

아이들이 실로암 세계선교회를 통해 회개하고 사역을 받으면서 변화되어가는 모습을 보니 아버지로서 기쁘기 짝이 없습니다. 특히 소진이가 세계적인 유아 복지타운을 세우려던 자신의 꿈을 과감히 내려놓고 한양훈 목사님의 비서가 되어 열심을 다해 섬기고 있습니다. 이렇게 영적인 하나님의 일에 동참하려는 새로운 비전을 가지고 자기가 맡은 일을 열심히 잘하여 한 목사님으로부터 신임을 얻고 있는 모습에 흐뭇한 마음을 느낍니다.

무엇보다 소진이가 지난날보다 얼굴이 점점 더 밝아져가고 있으며 명랑해지고 자존감이 향상되어 더할 나위 없이 반가울 따름입니다. 앞으로 더욱 기쁨이 충만한 아름다운 삶을 영위하며 하나님께 영광을 돌리는 귀한 딸이 되기를 기대합니다.

광주 월드미션 센터 전기명 목사

하나뿐인 딸과 함께 실로암에서 회개하며 훈련받은 이후 5년의 시간이 훌쩍 지났습니다. 딸이 영안이 잘 열렸고 하나님의 자녀로 택함받은 자부심과 자신감을 가지고 있는 것이 보입니다. 또한 더 나아가 자신을 세상으로부터 지키기 위해 노력하는 모습이 참 가상합니다. 그리고 목사인 아빠의 요청을 받고 성도들을 바르게 진단도 해주고 있어서 목회를 하는 데 여러 면에서 많은 도움이 되고 있습니다. 아직은 육신의 생각을 많이 하지만 앞으로 주님 앞에서 더욱 기대가 되는 자녀입니다.

파주 반석 센터 서기우 목사
저희 자녀를 축복하신 하나님!

저희 자녀들은 모태 신앙입니다. 어릴 때에는 부모가 원하는 신앙생활의 절대성을 받아들이면서 순종했고, 청소년기에는 목회자의 자녀로서 갖는 의무감으로 인한 순종에 더 무게가 있었습니다. 대학 캠퍼스에서 '대학생 선교회' 그리고 기독교 대학 안에서 신앙인의 정체성을 가지고 구별된 생활을 하고 있었습니다.

마침 한양훈 목사님의 실로암 사역을 접하면서 회개와 더 깊은 회개를 통해, 하나님의 개별적이고 개인적인 만지심을 경험하며 더 구체적이고 체계적인 신앙으로 정립하는 기회를 가질 수 있게 되었습니다.

죄에 대해 이전보다 더 정밀하게 자신을 통찰할 수 있게 되었고, 악한 영의 궤계와 체계에 대해서도 더 많이 분석할 수 있는 힘을 가지게 되었습니다. 이 모든 흐름은 저의 자녀들에게 더 없는 하나님의 전적인 은혜요 축복입니다.

하나님께 영광! 무한 감사를 드립니다.

포항 센터 김원학 목사

저희가 우상의 죄를 회개하고 있을 때 큰 아이는 집에서 스스로 영안이 열려서 천국에 있는 하나님의 보좌와 천사들을 보게 되었습니다. 회개는 자신을 하나님 앞에서 돌아보며 더 거룩해지려는 결단과 의지이기에 특별히 자라는 학생들에게는 큰 변화를 가져올 것으로 기대해봅니다.

아직은 어려서 인격적인 면에 미숙한 점이 많지만 회개는 평생 하나님 앞에서 사는 삶의 자세이므로 계속해서 작은 죄까지도 인정하고 회개하며 나아간다면 영적인 자녀가 될 것이고, 주의 나라를 위해 일한다면 큰 역사가 일어날 것입니다.

파주 하늘사랑 센터 홍춘근 목사

저희 교회에서는 이번 수련회에 여러 명의 청소년이 참가했습니다. 그 중에 서현이가 집으로 돌아와 교회에서 집사 직분을 감당하고 있는 어머님께 회개 기도를 해야 한다고 하면서 진작 회개 기도를 알았더라면 좀 더 다르게 살았을 것이라 말했습니다. 회개와 바른 신앙으로 생활하면서 공부에 집중하고 있으며, 아프던 팔의 통증이 사라지는 치유를 받았다고 합니다.

함께 갔던 다른 아이들까지 모두 계속적으로 회개하며 주님 앞에 진정으로 바로 서고, 영적으로 성장하여 주님의 일을 감당하는 귀한 자녀들로 자라나길 기도하며 하나님께 감사드립니다.

전주 주열방 센터 채고다 목사

우리는 여러 과정을 겪으면서 성숙해집니다. 애쓰고 많은 노력을 쏟았음에도 인력으로 되지 않고 힘으로 되지 않는 일이 많았습니다. 그런데 실로암의 영적 사역을 통해 얽혀 있던 여러 문제들이 풀리고, 목회가 풀리고, 저희 자녀들이 건강한 자존감을 가진 훌륭하고 씩씩한 아이들로 현숙하게 잘 자라주었습니다. 자연히 저희 가족은 하나가 되었습니다.

군산 새희망 센터 김석곤 목사

그리스도인으로 이 땅에 살면서 가장 중요한 점이 있다면 하나님과의 살아있는 교제라고 생각합니다. 오늘날 교회에 청소년들이 감소하는 가장 중요한 요인은 교회가 하나님과의 생생한 만남을 잃어버린 것이라고 생각합니다. 그러므로 우리의 청소년들이 살아 숨 쉬고 앞으로 교회에 부여된 시대적 사명을 감당하기 위해서는 하나님을 만나는 경험과 실력을 갖추어야 합니다. 이런 점에서 실로암 수련회는 탁월한 영적 능력을 체험하고 훈련을 하는 점에서 다른 수련회와는 비교할 수 없는 장점을 가지고 있습니다. 저희 자녀가 이 수련회를 통해 하나님과 살아 숨 쉬는 교제를 나누게 되었습니다. 저는 앞으로도 이런 점에서 실로암 수련회가 이 부분을 책임져가리라고 생각합니다.

수원 더좋은치유 센터 이선님 목사

2011년 여름방학이 시작되던 날 큰아들과 함께 실로암에 왔습니다. 아들아이가 함께 가겠다고 흔쾌히 따라나섰는데 영 진단을 받을 때에는 가까이에서 설명 듣기를 꺼려하였습니다. "쟤 공부 못하죠?" "건강도 아주 위험한 수준이네요"라고 너무나 거리낌 없는 표현으로 한 목사님이 말씀하셨습니다. 아들은 함께 회개하고 무더운 날씨에도 훈련에 잘 임하더니 지금은 건강하고 키도 제법 컸습니다.

목회자인 내가 아직 죽어지지 않은 죄성과 싸움을 하고 있는데 아들이 나와 뜻을 같이 하는 동역자가 되어주어서 행복합니다.

대전 시온 센터 윤혜자 목사

아들이 고등학교 1학년 한창 사춘기일 때 다니던 학원에 가기 싫다며 주저앉았습니다. 학원에 가지 않는 대신 엄마하고 기도하러 가자는 말에 동의하여 실로암에 오게 되었습니다. 회개를 하고 영의 눈이 열려 살아계신 주님을 만나 확신 있는 믿음을 소유하게 되었고, 천국과 지옥의 실재를 알고 본인이 본 것을 가끔 저에게 간증도 합니다.

주님의 은혜로 사춘기를 잘 극복하고 지금은 성도들에게 비전과 주님 주신 말씀 등 여러 가지 영적인 사역으로 도움을 주고 있습니다. 또 새로운 사명을 깨달아 신학교에 입학하여 미래를 준비하고 있습니다.

모든 영광을 하나님께 돌리며 한양훈 목사님과 박영미 사모님께 감사를 드립니다.

1부
영안이 열린 평신도 자녀들

영적 천재들의 이야기

주님이 보시는 것을 보게 되었어요

이청한(13세)
실로암 본부 센터에서 사역과 훈련을 받고
영안이 열린 초등학생

영안이 열린 후

영안이 열리고부터는 나의 모든 것이 엄청나게 달라졌다. 영안이 열리면 악한 영이 보이고, 보이면 그 영을 내보내기 위해 내 죄를 회개하게 된다. 회개를 하다보면 또 세상적인 것과 자연히 끊어지게 된다. 예를 들어 내가 영화관을 가서 영화를 보면 악한 영들에 의해 내 몸이 공격을 받는다. 그래서 영화관에 가지 않게 된다.

나의 경우는 회개한 후 악한 영이 많은 곳에는 가지 못한다. 만일 갔다 오면 그 악한 영들에게 밤새도록 눌려 아프기 때문이다. 그리고 치유 사역을 받고 영이 많이 있는 곳에 가면 안 된다. 그러면 악한 영이 나갔던 자리에 다시 들어올 수 있기 때문이다. 또 컴퓨터를 하거나 TV를 볼 때 영이 많이 붙는 것을 느낀다. 그래서 그런 행동들을 하면 손해다. 또한 애완동물에게도 세력이 많다. 그러므로 끌어안는 등 지나치게 가까이 하면 안 된다. 영안이 열린 후 나는 성격이 많이 좋아졌고 나를 세우는 것보다는 남을 더 존중하게 되었다.

영 분별 훈련

나는 영안이 열린 후 너무 좋았다. 주님께 기도하면서 "주님 보시옵소서" 하면 내가 보기를 원하는 내용들이 다 보이니 정말 좋았다. 나는 영안이 열릴 때 맨 처음에 악한 영의 세력들을 보았다. 그것을 보며 정말 귀신이 있다는 것을 알았다. 사람 몸에 붙어 있는 세력들이 막 꿈틀대는 걸 보니 너무 징그럽고 역겨웠다.

그다음에는 전신갑주 그리기를 했다. 그리고 심령의 물, 마음의 문 등을 보았다. 나는 스토리텔링이 가장 재미있었고 다른 사람보다 빨리 비전 보기를 하였다. 그리고 쓴뿌리 사역을 할 때 박영미 사모님이 몸에서 나온 악한 영이 공중으로 올라가서 불태워지는 것을 나에게 보라 하셔서 본 적도 있었다.

또 훈련하면서 좋았던 것은 이런 사역을 응용하여 삶에서 쓸 수 있는 것이었다. 식사 전에 "주님 먼저 드세요" 하면 주님 먼저 드셔보시고 나에게 말씀을 하셔서 너무 좋았다. 그리고 개인에게 있는 천사도 보았는데 천사가 주인을 닮았다는 사람들의 말이 정말 믿어졌다. 그리고 달과 별이 다르게 보였다. 예를 들어 달이 무지갯빛으로 감싸여 있는 모습으로 보이기도 하고, 별이 더 크게 보이기도 했다. 영안이 열린다는 것은 말 그대로 영의 눈이 열리는 것이다.

영안이 잘 열려야 하는 이유

영안이 잘 열리면 악한 세력이 눈에 잘 보인다. 그러니 몸에 있는 악한 영을 내보내는 사역은 영안이 열리고 하는 것이 좋다. 만약 영안이 열리지 않으면 정말 세력이 나오는지도 확인하지 못한다. 또한 잘못했다가는 남의 몸에 있던 세력이 자기에게 다 와서 덮어쓸 수도 있다.

악한 영을 빼는 사역 이외에 다른 사역도 할 수 있다. 악한 영을 빼는 것만이 사역이 아니라 사람 몸에 있는 악한 영을 진단해 주고 은사진단 하는 것도 사역이다. 이것은 다 영안이 열려야 가능한 일들이다. 영안이 잘 열려야 영 진단을 정확하게 할 수 있다. 예를 들어, 정확한 진단이 아닌 것을 가지고 회개하라 하면 그 사람은 그만큼 시간을 낭비하게 된다.

또 학교에서는 친구들의 마음을 알아챌 수 있다. 그리고 영안으로 세력을 봐서 그 친구와 놀 것인지, 놀지 않을 것인지 판단할 수 있다. 영안이 열리면 자신의 미래까지 볼 수 있다. 예를 들어 자신의 배우자를 보는 것처럼 자신의 미래나 세상의 미래 등 주님이 절대로 알려주시지 않는 것 외에는 많은 것을 알 수 있다. 주님이 오시는 날 같은 것은 절대로 알려주시지 않는다.

영안이 열리기 위해 임파테이션을 했는데도 잘 보이지 않을 경우 회개를 하라고 하는 이유는 영안의 통로를 세력들이 막고 있기 때문이다. 그것은 회개하면 떠난다. 막고 있는 악한 영들은 사람마다 다른데 영안을 이용해 진단하고 그것을 갖고 다시 회개를 할 수 있다.

임파테이션도 받고 앞을 막고 있는 악한 영도 없는데 보이지 않는다고 하면 형상을 분별하지 못하는 지혜가 없어서이고, 보이는데도 보이지 않는다고 우기는 것이다. 그러니 적당한 지혜도 있어야 한다. 또 주님과의 관계가 빨라져야 더 빨리 보이고 더 정확하게 보인다. 나의 경우에는 아침에 일어나자마자 기도하기, 밥 먹기 전에 기도하기, 자기 전에 기도하기를 꼭 지킨다. 이것이 주님과 가까워지는 길이다.

비전의 변화

영안이 열린 후 나는 꿈도 바뀌었다. 처음에는 경찰이니 운동선수니 많은 꿈을 꾸었지만 결국 결정한 꿈은 경찰이었다. 하지만 영안이 열린 후 나의 꿈은 하나님의 종이 되는 것이다. 그래서 하나님이 원하시는 걸 하고 싶다. 오래전에 비전 보기 사역으로 하나님이 원하시는 것이 목사라는 걸 알았다. 이렇게 영안이 열리면 하나님이 원하시는 직업이 무엇인지 알 수 있다.

영안이 열린 후 주의할 것

영안이 열린다고 다 볼 수 있는 것은 아니다. 정해진 기간 동안 훈련을 해야 하며 회개를 해야 한다. 영안을 사용하지 않으면 나중에 막혀서 보이지 않게 된다. 또 영안이 열리고나면 조심해야 하는 것이 있는데 영안이 열려 보는 것을 가지고 돈을 벌려 하면 그 사람은 무당, 점쟁이가 되는 것이다. 그러니 미리 회개를 해서 그 욕심의 영을 빼야 한다.

영안으로 볼 때 사역자들마다 조금씩 다르게 볼 수 있는데, 해석하면 결국에는 똑같다. 그러니 자기가 본 것만 맞다고 혈기 부리며 싸우면 안 된다. 또 요한일서 1장 7절을 보면 우리가 죄를 짓지 않으면 우리가 서로 사귐이 있고, 그 아들 예수님의 피가 우리를 모든 죄에서 깨끗하게 하실 거라 말했다. 그러니 우리는 죄를 짓지 말아야 한다. 또한 우리가 죄를 짓게 되면 주님이 우리를 싫어하신다. 그러니 열심히 회개하고 깨끗해야만 주님이 우리를 기뻐하시고 사랑하신다.

영안으로 보는 모든 것은 다 주님이 보시는 것이다. 그럼에도 사람들에게 "내가 봤다"고 하며 교만하게 변할 수 있는 치명적인 단점이 있다. 절대 자신을 드러내서는 안 된다. 또 다른 사람의 비밀을 알아내어 누설을 하게 되는 경우도 있다. 그러니 영안이 열린 사람들은 다른 사람의 단점을 이용하지 말고 오로지 영안이 더 깊이 열리도록 더욱 회개함으로 깨끗해야 한다.

회개가 중요하다

회개를 중요시해야 하는 것도 다 이유가 있다. 일단 회개를 하는 목적은 천국 보좌로 나아가기 위한 것이다. 우리 가족도 지금까지 항상 짜증내고 화내고 우울해하며 살아왔는데 회개를 하고나니 항상 즐겁고 항상 웃으며 겸손해졌다. 또 항상 주님께 감사하면서 불평하지 않는다. 이것은 회개함으로써 악한 영이 떠나갔기 때문이다.

우리 어머니도 열심히 회개하시는 이유가 회개를 통해 깨끗해지시려는 것이다. 깨끗해지면 주님과 더 깊게 교제하고 하늘의 신비를 알 수 있다. 또한 하늘 보좌로 나아갈 수 있다.

영안으로 보는
모든 것은 다 주님이
보시는 것이다.

영적인 체험은 축복입니다

박재민(13세)
신광교회에 나오는 집사님 자녀이며,
실로암 본부 센터에서 사역과 훈련을 받고
영안이 열린 초등학생

뱀이 보여요

나는 세 살 때 안방에 뱀이 보이고 악한 영들에게 시달렸던 적이 있다. 그때 부모님이 다니셨던 교회의 부목사님과 사모님 그리고 전도사님이 주님이 자꾸 우리 집에 가라고 하신다며 예배와 축사 사역을 해주려고 오셨는데, 그분들이 보혈 찬송가를 부르시면 내가 울고불고 난리를 치면서 부르지 말아달라고 애원했다고 한다. 그때 세 살이었던 나는 귀신이란 말을 몰랐다. 엄마는 애한테 무슨 귀신이냐며 불쾌해하셨다고 한다.

네 살 때에는 나쁜 에너지라고 말한 기억이 나는데, 내 눈에는 뱀과 나쁜 에너지인 악한 영이 우리 집에 있는 것이 보였고, 안방 천장에 들어가는 것 등을 볼 때마다 엄마에게 이야기했다. 내가 무언가 잘못됐다고 생각하신 엄마는 나를 데리고 이곳저곳으로 기도를 받으러 다니셨지만 효과가 없었다고 한다.

권사님의 권유로 어떤 목사님께 기도를 받게 되었는데 안수 기도를 해주시더니 아이 안에 다른 것이 있다고 말씀하시며 매 주일마다 기도를 받으라고 하셨다. 그런 일을 겪는 중에도 우리는 회개를 몰랐고 악한 영은 떠나가라며 대적 기도만 열심히 했다.

다섯 살이 되어도 새벽 2시에서 4시 사이에 악한 영에게 시달려 놀라 일어나서 울고 불며 한 적도 있었다. 엄마는 사탄이 있는 것을 보며 하나님도 살아계심을 인정하셨다. 그래서 열심히 예배를 드리고 우리를 주님의 길로 인도하여주시기를 간구하는 중에 지금의 신광교회, 즉 실로암 본부 센터에 오게 되었다.

실로암에서 확실히 영안이 열리다

여기에 와서 영 진단을 통해 우리의 머리부터 발끝까지 악한 영이 있는 것을 알게 되었고, 부모님이 회개하기 시작하셨다. 회개가 시작되자 희한하게도 시커먼 영과 하얀 영이 몸에 있는 것이 보였다. 또한 천사의 손이 보이기 시작하고 한 목사님이 임파테이션을 해주실 때에는 주님이 머리에 빛을 넣어주시는 모습이 보였다. 그때부터 지금까지 천사들의 모습이 다 보이고 웃으시는 예수님의 모습도 잘 보여서 너무 신이 난다.

나는 집에서 심심할 때 기도했는데 주님이 오셔서 같이 딱지치기도 해주시며 놀아주신다. 이런 이야기를 사람들에게 하면 정신 나간 아이로 볼 것을 알기 때문에 밖에 나가면 영적인 세계를 모르는 사람들에게는 이야기하지 않는다. 성경에 뱀 이야기, 사탄, 지옥, 천사와 천국 이야기, 주님 말씀 등이 다 나와 있는데도 말이다.

수호 천사들

주님이 나에게 주신 천사는 넷이다. 천사들 이름도 가르쳐주셨는데 씨엘, 준엘, 준엘, 브엘이다. 엄마에게도 네 천사를 주셨는데 라엘, 주엘, 소엘, 우엘이라고 하셨다. 부리는 천사가 아직 넷밖에 안 되지만 아빠는 더 적은 셋이다. 주님께 아빠 천사는 왜 셋밖에 안 되냐고 여쭈어보니 아빠가 천사를 잘 부리지 않아서 그렇다고 말씀해주셨다. 이 글을 쓰려 할 때 주님이 "남이 뭐라고 하든지 상관하지 말고 쓰거라"고 하셨다.

나의 천사들은 이렇게 생겼다. 씨엘은 키가 15센티미터이다. 그 전에는 더 작았지만 키가 조금 자랐다. 얼굴은 약간 개구쟁이처럼 생겼다. 씨엘의 옷은 흰색이고 벨트도 흰색인데 버클은 금색이며 네모난 모양이다. 씨엘이 첫 번째 천사이긴 하지만 힘이 가장 세지는 않다. 힘이 가장 센 천사는 세 번째 천사인 준엘이다.

두 번째 천사 쥰엘은 키가 14센티미터이며 얼굴은 약간 통통하다. 주님은 쥰엘에게 알맞은 옷을 주셨다. 입은 옷은 흰색인데 벨트가 풀어져 있다. 세 번째 천사인 준엘의 키는 쥰엘보다 약간 크다. 준엘의 얼굴은 여자아이들이 멋있다고 할 모습이다. 이 천사는 세 번째 천사이지만 나의 천사 중에서 힘이 가장 세다. 네 번째 천사는 븐엘이다. 븐엘의 키는 첫 번째 천사보다 3센티미터나 더 크다. 븐엘의 얼굴은 여자인지 남자인지 모르게 꽃같이 생겼으며, 키도 크고 몸도 날렵하다.

십자가 세우기

나의 천사들은 내가 시키는 대로 하는데 내가 두려울 때 십자가를 세우면 세운 숫자만큼 천사들이 와서 나와 악한 영 사이에 38선처럼 십자가를 세운다. 크기는 작고 재질은 예수님이 못 박혀 달리신 나무 십자가이다. 십자가를 자세히 보니 진한 갈색에 결은 마치 숯처럼 군데군데 파여 있다.

예수님의 십자가를 볼 때 내 이마 한 쪽이 가시관에 찔린 것처럼 아팠다. 그 순간, 주님도 이마에 이렇게 찔리셨구나 하는 마음이 들어 더 아팠다. 이렇게 영적인 체험을 하는 것은 축복이다.

박 사모님을 차로 모셔다 드릴 때 있었던 일

엄마는 박 사모님을 우리 차로 댁까지 자주 모셔다드렸다. 차로 모셔다 드리던 중에 이런 경험을 했다. 우리 차 양쪽 옆으로 보호하는 천사들이 많이 있었다. 말을 타고 우리 차 속도에 맞추어 같이 달리는데 정말 멋있었다. 흰색 말, 갈색 말 등 여러 종류의 말을 탄 천사들을 볼 수 있었다. 우리 차 양 옆으로 트럭과 차들이 있지만 그 차들과는 상관없이 천사들은 달린다.

또 한 번은 내 왼쪽 옆 창으로 갑자기 천사의 손이 쑥 들어와 나에게 껌과 사과를 주는 것이었다. 아마 사모님을 모시느라 수고한다고 주님이 시키신 모양이었다. 너무 놀랍고 신기한 경험이었다. 이 이야기를 나중에 엄마에게 해드렸더니 부러워하셨다. 그다음에 운전하는 엄마에게 사과를 주는 천사의 손을 보았다. "엄마 뭐하세요? 빨리 사과 받으셔야죠"라고 외치자 엄마가 얼른 받으며 먹는 시늉을 하셨다.

사모님을 모셔다드리고 우리 집으로 돌아오는데 말을 타던 천사들은 전부 사모님을 따라가버렸다. 우리 차 옆으로는 말을 타지 않은 귀여운 천사들이 붕붕 떠서 같이 날며 우리를 보호해주었다. 엄마는 아까 그 말 탄 천사들이 우리 집까지 호위해주지 않고 사모님을 따라갔다며 치사하다고 장난치며 말씀하셨지만 난 우리의 귀여운 천사들이 좋다.

박 사모님의 사역하시는 모습

박 사모님이 사역하실 때는 정말 끝내주게 멋있다. 사역하실 때에는 여러 가지 상황에 따라 도구들을 사용하시는데 강력한 성령의 수류탄, 성령의 검, 성령의 불쏘시개, 성령의 불 가위 등 쓰실 때마다 수없이 많은 실뱀들의 옆구리가 터지고 순대처럼 토막이 난다. 한 마리도 놓치지 않고 잡아 십자가로 보내실 때에는 신이 나고 정말 가슴이 통쾌해진다.

어떨 때는 사역을 받으시는 분들이 회개가 덜 되어서 영들이 안 나간다며 사모님이 직접 손으로 잡아 뽑아주기도 하신다. 사모님 손에 악한 영들이 달라붙어 공격하듯 까불어도 주님의 이름으로 다 십자가로 보내신다.

실로암 수련회에서 한 영적 답사

이번 영적 천재들의 수련회에 갔을 때 어느 산에 있는 신전의 영들을 보는 훈련을 받았는데 건물 앞쪽 지붕 꼭대기에 큰 용 세 마리가 동그랗게 원을 그리며 계속 돌고 있었다. 또 문양이 새겨진 곳에는 용이 머리에서부터 옆구리까지 입체적으로 튀어나와 있었으며, 지붕에는 전체적으로 눈이 많이 내렸는데 용들이 지붕에서 미끄럼틀을 타고 놀고 있었다.

그 밑의 건너편 건물에는 큰 용들이 건물을 전부 다 칭칭 감고 돌고 있었다. 그 아래쪽에는 작은 무당집이 있었는데 많은 용들이 무당집을 입으로 물고 있었다. 같은 편인데 왜 물고 있을까 궁금했지만 결국에는 빼앗고 죽이고 멸망시키는 것이 도둑 같은 악한 영의 목적임을 알게 되었다. 저 용들을 점점 더 크게 키우는 신전들을 다 없애버리고 싶을 만큼 싫었다. 하나님이 저 하늘 위에서 보시면 얼마나 속상해하실지 알 것 같았다. 또한 우상숭배의 죄가 얼마나 큰 것인지 알게 되었다.

지금은 마지막 시대라고 한다. 모든 사람이 하나님 앞에 나아가 진심으로 회개하여 세마포를 빨고 기름을 준비하는 신부들이 되었으면 좋겠다.

영적인 체험을
하는 것은 축복이다.

회개 기도는
계속되어야 합니다

조건호(15세)
실로암 본부 센터에서 사역과 훈련을 받고
영안이 열린 중학생

영안이 열리다

내가 영안이 열리기 전에 김석곤 목사님이 영안에 대해 이야기하시는 걸 듣고 나도 영안이 열려서 영적인 것들을 보고 싶었다. 지금은 영안이 조금밖에 열리지 않은 상태라 좀 답답하다. 신광교회 한양훈 목사님은 정말 생생하게 보시는데 나는 그렇게 보지 못하는 것이 계속 답답하다. 김 목사님은 영안이 열리고나서부터는 회개에 더욱 힘써야 한다고 강조하셨다. 회개를 하지 않으면 악한 영이 잘 나가지 않는다고 한다. 회개를 해야 악한 영이 조금씩 풀리면서 나간다.

영안이 열려서 좋은 점

내가 잠깐 다른 교회를 갔을 때 보물찾기를 했다. 처음에 내가 찾은 것들로 상품을 받았는데 별로 마음에 들지 않아 실망하고 있을 때였다. 그때 목사님이 아직까지 아무도 못 찾은 게 있는데 그걸 찾으면 5천 원짜리 문화상품권을 준다고 하셨다. 그래서 다시 찾다가 좀 힘들어서 영안을 한 번 열었는데 막대기 형상 같은 것이 나타나 나를 인도해서 따라갔더니 거기에 보물이 있었다. 정말 신기했다. 영안이 열리면 이렇게 편리한 점도 있다. 그래서 앞으로는 회개를 열심히 해 영안이 더 활짝 열려 더 생생하게 볼 수 있도록 노력해야겠다.

영안이 열려서 힘든 점

영안이 열리면 힘든 점도 많다. 세력들이 보이면 징그러워서 내 몸에 붙은 것들을 빨리 떼어내야 한다. 영안이 열리기 전에는 몸이 간지러울 때 그냥 긁고 말았는데 그 움직이는 것이 세력인 것을 알게 되고부터는 손으로 떼어내기 시작했다.

    그리고 또 회개를 해야 한다. 회개는 힘들고 지루하다. 그래서 회개하는 순간만큼은 정말 다시 죄를 짓지 말아야겠다고 생각한다. 하지만 회개가 끝나고 시간이 지나면 다시 죄를 짓게 된다. 나는 영안이 열리고나서 신기한 것도 많았지만 꾸준히 회개해야 한다는 점이 많이 힘들었다.

    그리고 영안이 쉽게 열리려면 부모님이 회개를 하셔야 한다. 왜냐하면 살면서 우리 스스로 짓는 죄가 30퍼센트 정도이고 나머지는 모두 아버지와 어머니를 비롯하여 선조들로부터 영향을 받은 것이기 때문이다. 그래서 나는 회개하는 부모님을 가진 사람이 가장 부럽다. 그리고 가족이 모여 함께 회개하면 세력들이 쉽게 떨어져 나가 회개를 하지 않을 때보다 집안에 좋은 일이 더 많이 생긴다.

    나는 영안이 열리기 전에 회개해서 영안이 열리면 그때부터 회개를 덜 해도 되는 줄 알았다. 하지만 내 생각은 틀렸다. 영안이 열려도 회개를 많이 해야 한다. 영안이 열린 후에 회개를 쉬면 영안이 다시 닫힐 수도 있다.

영안이 열리면

내가 영안이 열린 후 가장 많이 본 것이 악한 세력이다. 이 세력들은 정말 얄밉다. 왜 사람 몸에 붙거나 들어와서 그렇게 짜증 나게 하는 건지 모르겠다. 이 세력들이 많으면 사람을 조종도 할 수 있다.

영안이 열리면 세력 말고도 훨씬 더 많은 것을 볼 수 있다. 그중 내가 가장 놀랐던 것은 미래의 결혼 상대를 알 수 있다는 것이다. 또한 영안이 열리면 다른 사람 몸에 있는 세력이나 은사를 봐줄 수 있는데 상대가 맞는다고 했을 때는 참 자랑스럽다.

영안이 더 잘 열리려면

박영미 사모님께서 영안이 더 활짝 열리려면 훈련을 해야 한다고 하셔서 훈련을 했다. 여러 사람이 모여서 하는 훈련은 재미있기도 하고 잘 보이지 않을 때는 답답하기도 했다. 그리고 사모님이 사역을 많이 해야 영적 계급이 올라간다고 하셨다. 그래서 사역을 해봤는데 계급이 쉽게 올라가지는 않았다.

친구들과 가족들

내가 영안이 열린 후 우리 가족과 주변 사람들의 질문이 많아졌다. 특히 엄마는 나에게 그게 정말 보이냐며 계속 물어보셨다. 엄마는 내가 영적으로 볼 수 있는 것이 신기하다고 하셨다. 엄마는 영안이 열리지 않으셨다.

나는 영안이 열린 사실을 누군가에게 말하고 싶었다. 그래서 영안이 열린 후 내게 일어났던 이야기를 친구들에게 한번 이야기해보았다. 몇 명은 믿는 것도 같았다. 그런데 대부분의 친구들은 이런 이야기를 별로 좋아하지 않았다. 교회 사람들과 가족밖에는 좋아하는 사람이 없는 것 같다.

비전의 변화

영안이 열리고 나의 꿈도 달라졌다. 왜냐하면 주님이 내게 원하시는 진로가 따로 있기 때문이다. 사실 난 별로 장래에 대한 꿈이 없었다. 그래서 영안이 열린 것이 내게는 많은 도움이 되었다. 그리고 나는 또 하나의 꿈을 갖게 되었다. 그것은 천국에 있는 보좌 자리에 들어가는 것이다. 보좌에 들어가는 것은 힘든 일이다. 그래서 앞으로는 회개를 더 열심히 하고 주님과 대화도 많이 해야겠다.

영안이 열린 후
회개를 쉬면 영안이
다시 닫힐 수도 있다.

기도하며 주님께 나아갑니다

조성호(25세)
실로암 센터에서 사역과 훈련을 받고
영안이 열린 청년

영안과 회개에 대해서

영안이 열리기까지는 회개하는 과정이 필수적으로 동반된다. 지금부터 이야기할 나의 변화된 행동과 생각은 영안이 열린 영향도 있겠지만, 그 전에 회개 기도의 영향이 더 크다고 할 수 있다. 영안이 열리기 전, 즉 회개하기 전에 나는 다른 선데이 크리스천들과 다를 바가 없었다. 몇 번의 성령 체험을 경험했던 것과 수요 예배, 금요 기도회에 참석했던 것이 조금 나은 점이 될 수도 있겠다. 하지만 깊이 들여다보면 형식뿐인 삶이었기 때문에 본질적으로는 하나도 나은 것이 없었다.

그러던 중 새희망교회(당시 출석하던 교회) 목사님이신 김석곤 목사님께서 깊은 회개에 대해서 가르쳐주기 시작하셨다. 죄로 얼룩진 내 삶을 그때부터 마주보기 시작했다. 결과는 참담했다. 이제껏 자부심을 가지고 하던 신앙생활이 송두리째 부정당하는 기분이었고, 회개를 이렇게까지 하는 것이 옳은가 하는 생각도 들었다. 김석곤 목사님께서 교회사를 설명해주시면서 예전 성도들의 회개에 대해 말씀해주시고 성경 구절을 통해서 설명해주시니 의심은 금방 해소되었다. 하지만 내가 지은 너무나도 많은 죄 때문에 결단해서 기도해야만 했다.

훈련과 사역

영안이 열린 후에는 먼저 환상을 보는 훈련을 받았다. 세마포 보기, 나의 재정 상태 보기, 부부 사이에 어느 쪽이 더 사랑하는지를 아는 애정관계 보기 등이 가장 기억에 남는다. 세마포 보기는 현재 이 사람이 천국에 입고 갈 세마포가 얼마나 깨끗한지를 보는 것이다. 보통은 죄 때문에 얼룩지거나 찢어져 있는 경우가 많은데, 눈부시게 하얗고 손상된 부분이 없는 세마포가 가장 좋은 것이다.

재정 상태 보기는 지금 상황이 재정을 풍성하게 할 것인가, 가난하게 할 것인가를 보는 것이다. 손으로 재물을 모으고 있거나, 흐트러뜨리고 있거나, 손을 제대로 모으지 않아서 물질이 다 빠져나가거나 하는 환상으로 보인다.

부부의 애정 관계를 보는 사역은 하트를 반으로 나누어 한쪽은 남편, 다른 한쪽은 부인으로 하는데, 그때 그 모양이 어떻게 생겼는가를 보는 것이다. 한쪽이 작거나 일그러지거나 삐뚤어지거나 하는 형상으로 보여지는데 보통 한쪽이 더 사랑한다거나, 다른 사람을 마음에 두고 있다던가 하는 여러 상태를 하트 모양을 통해 알게 되는 것이다.

어느 정도 환상을 볼 수 있게 되자 영 진단과 은사 진단 훈련을 받았다. 영 진단은 어떤 사람에게 있는 악한 영들을 머리, 가슴, 팔, 다리로 나누어서 보고 그 영의 이름을 진단하는 사역이다. 은사 진단은 같은 방식으로 은사를 진단하는 사역이다.

영안이 열린 후 변화

회개를 시작한 후 차츰 나의 삶이 변화되기 시작했다. 우선 이제까지 아무렇지도 않게 행했던 모든 일, 곧 텔레비전을 본다거나 영화, 음악 등의 문화생활을 절제하게 되었다. 회개를 통해 죄를 알았고, 열린 영안을 통해 죄를 지을 때 악한 영들이 내 몸에 어떻게 나쁜 짓을 하는지 알 수 있게 되었기 때문이다. 또 한 가지는 매일같이 기도생활을 하기 시작했다는 것이다. 이전에는 수요일, 금요일, 주일을 제외하고는 기도를 잊고 살았었다. 하지만 죄를 경계하기 위해 또 주님과의 관계를 개선하기 위해 기도의 질과 양을 높여야 한다는 사실을 배우고부터는 하루 한 시간 이상 따로 시간을 내어 기도 드리기 시작했다.

내게 일어난 커다란 변화를 정리해서 말하면 일상적으로 범하던 죄에 대해 깨달았고, 더 이상 죄를 짓지 않기 위해 경계하기 시작했으며, 죄를 통한 악한 영들의 활동 방법을 알게 되었고, 시간을 따로 정해 기도하기 시작했다는 것이다.

누구든 영안이 열리기까지는 회개를 통해 악한 영들을 제거하는 과정이 필수적이다. 우상숭배와 교만, 음란, 거짓 등의 죄를 회개해야 한다. 회개를 통해 나는 머리가 좋아진 것을 느낄 수 있었는데, 이것은 내게 일어난 가장 큰 일이다. 이전에는 할 말이 잘 떠오르지 않아 잘하지 못했던 프레젠테이션을 성공적으로 해내고 좋은 점수도 받게 되었다. 또 전에는 하루 종일 걸렸던 리포트가 술술 써지고 과제물도 좋은 점수를 받게 되었다. 시간이 부족해서 준비를 많이 하지 못했던 시험에서 공부한 것만 출제되어 술술 풀고 나올 수 있었다. 이런 식으로 그 학기에 수강했던 모든 과목에서 A+를 받았고 성적 우수 장학금도 받을 수 있었다. 또 경쟁률이 높은 공군학사사관후보생 시험에 특별전형으로 합격하게 된 것도 주님이 기도에 응답해주신 덕분이었다.

또한 앞에서 동생이 간증한 것처럼 신기한 방법으로 보물을 찾은 일도 있었다. 이 모두가 그렇게 대단한 사건은 아닐 수도 있지만 나와 우리 가족에게는 하나님의 역사하심을 확인할 수 있었던 매우 큰 사건이었다.

마지막으로 내게 일어난 큰 변화 가운데 하나는 주변 사람들을 위해 기도하기 시작한 것이다. 그동안 나는 나의 미래, 돈, 명예 등을 위해서 기도했었는데 회개하고 영안이 열리면서부터는 아직 회개하지 않은 가족과 교인들 그리고 친구와 이웃, 나라와

민족을 위해 기도하기 시작했다. 그것이 주님께서 기뻐하시는 일이라는 사실을 분명하게 깨달았기 때문이다. 아직은 미흡하지만 앞으로 가야 할 길을 명확히 발견하게 되었고 그것을 위해 노력할 수 있음이 참 감사하다.

학교생활에서의 변화

영안이 열린 뒤 학교생활에서 일어난 좋은 점들은 다음과 같다. 앞에서 말한 것처럼 죄를 덜 짓게 된 것이 가장 좋은 점이다. 자기 자신을 하나님께 드리는 제물 그리고 주님의 성전이라 여기는 주님의 성도라면 자신을 정결하게 하는 것이 자신에게 또 주님께 매우 바람직한 일이다. 그런 점에서 죄를 덜 짓게 된 것은 정말 좋은 일이 아닐 수 없다.

또 다른 좋은 점은 주위 사람들에게 실력 있는 사람, 신뢰할 수 있는 사람으로 보이게 된 것이다. 죄를 경계하고 주님의 일을 하기 위해 노력하다보니 주변 사람들이 어느새 좋은 시선으로 나를 바라보고 있었다. 성경이 말씀하는 것처럼 하나님을 기쁘시게 하니 사람에게도 칭찬을 받게 되는 것을 직접 경험할 수 있었다.

반대로 학교생활에서의 나쁜 점은 다음과 같다. 우선 사람들과 멀어진다는 것이 가장 나쁜 점이다. 하지만 이것은 단점이기도 하지만 장점이기도 하다. 죄를 짓지 않기 위해 사람들과 어울리는 것을 절제하다보니 이전의 친밀감을 상실하게 되어 외로움이나 소외감을 느끼는 나쁜 점은 있지만 그만큼 하나님과 더 가까워질 수 있다는 점에서는 오히려 좋은 점이라 할 수 있기 때문이다.

비전의 변화

영안이 열리기 전에는 육적인 목표들을 쫓는데 급급했었다. 사람들의 인정을 받을 수 있는 직업이나 돈을 많이 벌 수 있는 직업을 갖기 위해 노력했었다. 이 조건에 맞는 직업을 고르고 나서야 하나님이 원하시는 바를 거기에 맞추겠다는 내 멋대로의 사명을 가지고 있었다. 하지만 영안이 열리고 주님과의 교제를 가장 먼저 생각하게 되고부터는 주님께 합당하지 않은 직업들을 거부하고 주님 뜻에 합당한 사명을 위해 기도하게 되었다. 조급해하지 않고 주님께 분명한 응답을 받을 때까지 기도할 것이다.

회개하고 영안이 열리면서 나의 가치관은 정말 많이 변했다.

물론 기도를 멈추면 과거의 모습이 드러나는 나를 보며 실망도 많이 하지만, 그래도 전보다는 상당히 많이 성장해 있는 나를 발견하면서 위로를 받는다. 영안이 열린 것 또한 매우 귀중한 도구가 되어서 하나님 나라를 위한 일꾼으로 사용될 것을 확신한다. 앞으로 더 활짝 열린 영안과 변화된 삶을 통해 그리스도를 증거하는 사람으로 살기를 기도한다.

주님과의 관계 개선을
위해 기도의 질과 양을
높여야 한다.

삶의 변화, 그 기쁨

장디모데(28세, 가명)
실로암 본부 센터에서 사역과 훈련을 받고
영안이 열린 포항 센터의 청년

영안이 열리다

영안이 열리기 전 나는 스스로를 어느 정도 영적인 사람이라고 생각하며 살았다. 왜냐하면 나는 영적인 것을 사모하고 집회에도 많이 참석했으며, 방언과 같은 영적 은사도 소유하고 있었기 때문이다. 하지만 죄의 문제로 고민하고 있었고, 어려운 시간도 보내면서 신앙생활을 하고 있었다.

특별히 나는 항상 몸이 피곤하고 무거우며 늘 무기력했었는데 의학적으로 건강에는 아무 문제가 없었다. 컨디션이 좋고 휴식을 많이 취한 후에도 이런 증상은 떠나지 않았다. 이 증상에 대해 나는 해결점을 찾지 못했고 그때마다 몸이 약해져서 그렇겠거니 대수롭지 않게 넘겼었다. 그러던 중 어머니의 소개로 회개 사역을 알게 되었고 훈련을 통해 영안이 열리게 되었다.

영안이 깊이 열리지 않아 볼 수 있는 범위에 제약이 많았지만 영안이 열리면서 영적인 세계가 어떠한지를 이해하고 확인할 수 있게 되면서 그동안 내가 가지고 있던 영적 세계에 대한 지식이 얼마나 얕은 것이었는지를 깨닫게 되었다. 영안이 열리면서 그동안 이해하지 못했던 내 몸의 증상들, 즉 몸의 무기력함과 피곤함이 힘들게 하는 영과 지치게 하는 영들의 역사로 인한 것이었음을 알게 되어 너무도 큰 충격을 받았다.

내 삶의 전반적인 영역에서 악한 영들이 역사하고 있는 것을 눈으로 직접 보게 되면서 죄의 심각성을 몸소 느끼고 알 수 있었다.

영 분별 훈련

영안이 열린 후 악한 영을 내 눈으로 볼 수 있는 것이 참으로 신기했다. 사람에게 붙어 있는 영, 건물에 있는 영들을 보고 진단하며 그 영의 정체까지 알 수 있는 것이 믿기지 않았다. 영안이 열리고 훈련을 받으면서 볼 수 있는 내용도 조금씩 다양해졌는데 흑백으로 보이던 환상이 컬러로 보일 때도 있었다.

한번은 주님을 보았는데 주님은 인자한 모습으로 긴 흰색 옷을 입고 계셨다. 누군가를 위하여 중보할 때 주님께 기도할 사람의 상황에 대하여 여쭈면 그가 처한 상황을 환상으로 보여주셔서 그 사람을 위해 필요한 기도를 드릴 수 있었다. 천사도 보았는데 천사마다 그 크기가 다양하게 보였다.

특별히 회개 기도를 할 때 몸에서 세력이 나가는 것을 느낄 수 있어서 회개하는 것이 즐거웠다.

변화된 나

이렇게 영안이 열리고 영적인 세계를 볼 수 있게 되면서 가장 먼저 바뀐 것은 나의 삶이었다. 나는 사막에서 오아시스를 발견한 것과 같은 심정이었다. 죄에 눌리고 죄의 종이 되어 육체의 일을 도모할 수밖에 없었던 내가 점점 죄로부터 자유함을 누릴 수 있었다. 영안이 열리고나서는 정말 죄를 짓기가 싫었다. 죄의 정체를 보고도 죄를 짓는다는 것은 누구에게도 쉽지 않은 일일 것이다. 나는 지금도 계속해서 내가 지은 죄를 회개하면서 살고 있다.

때로는 악한 영들이 몸에서 빠져나가는 것도 느끼고, 때로는 악한 영들이 몸에 박히는 것도 느낀다. 특별히 머리 부분에서 악한 영의 움직임을 민감하게 느낄 수 있다.

가족에게 말하다

영안이 열린 후 내가 영적인 세계를 보고 느낄 수 있다는 사실을 누군가에게 알리는 것이 두려웠다. 내가 본 것들을 그들도 신뢰할지가 가장 걱정스러웠다. 다른 사람에게는 황당한 이야기로 들릴 수 있기 때문이었다. 그래서 조심스러웠다.

그래도 용기를 내어 먼저 가족에게 이야기를 했다. 어머니는 어느 정도 믿는 눈치였지만 아버지는 신뢰하지 않으셨다. 그래서 나는 죄의 심각성에 대해 이야기를 나누었다. 우리가 얼마나 더러운 죄인이며 얼마나 많은 죄를 몸에 가득 채우고 있는 죄인인지를.

이 문제를 해결할 수 있는 길은 회개이며, 회개한 만큼 우리가 깨끗해질 수 있다는 사실을 말씀드렸다. 하지만 지은 죄를 한

번 회개하면 됐지 여러 번 회개할 필요는 없다는 생각을 가지신 아버지는 그 생각을 거부하시는 것 같았다. 아버지는 혈기 하나만 하더라도 어려서부터 수천 번, 수만 번 죄를 지으셨을 텐데 몇 번의 짧은 기도로 그 모든 죄가 사해졌다고 생각하시는 것이었다. 하지만 나는 뜻을 굽히지 않고 이것에 대해 지속적으로 말씀드리고 강조해드렸다. 죄는 지은 분량만큼 회개해야 한다고.

우리 집에는 매년 추도 예배가 있는데 이때 초도 켜고 병풍도 치는 이상한 형태로 예배를 드렸다. 그 전에는 대수롭지 않게 생각했었는데 회개를 하면서 이것도 죄라는 사실을 알게 되었다. 나는 부모님과 이 일에 대해 상의하였고, 부모님의 결단으로 제사 도구를 모두 치우게 되었다. 이것만큼은 부모님이 내 의견을 따라주셨다.

사람과의 교제를 멀리하다

영안이 열리자 사람을 만나는 것이 싫어졌다. 때로는 부담이 되었다. 처음 한두 번 만날 때는 잘 몰랐는데 여러 사람을 만나면서 머리에 통증이 자주 생겼고, 마음속으로 상대방과 십자가를 어느 정도 세워야 머리의 통증이 가셨다. 회개를 하고 조금씩 깨끗해지면서부터 다른 사람의 악한 영으로 인한 이런 영향을 느낄 수 있는 것이 신기했다. 이런 현상이 지속되면서 사람들과의 만남을 많이 줄이게 되었고, 정말 필요한 만남을 제외하고는 회개하고 하나님과 교제하는 일에 힘썼다. 이렇게 살 수 있는 것이 너무 기쁘고 감사했다. 다른 사람들과 교제하지 않아도 외롭지 않았다. 오히려 영적으로 더 풍성해지는 것을 체험하였다.

사람들을 만나 교제하면 말과 행동으로 죄를 지었었는데 이제는 그런 부분이 상당히 줄었다. 영안이 열리지 않고 회개하지 않았을 때는 사람들을 만나 수다도 떨고, 누군가의 이야기를 누설하기도 하면서 알게 모르게 죄 짓는 일이 허다했었다. 이런 잘못된 부분에 민감해지면서 죄도 덜 짓게 되고 자연스럽게 사람들로부터 신용 있는 사람이라는 인식을 받게 되었다.

비전과 소명

영안이 열린 후 꿈이 더 구체화되었다. 앞으로 목회를 통해 다른 사람들에게 복음을 증거하고, 영적인 세계를 소개하고 가르치며 누릴 수 있도록 인도하는 사역자가 되겠다는 결심을 하게 되었다. 이 시대의 많은 사람들이 영적인 눈은 더 어두워지고 세상적인 눈은 더 밝아져 주님으로부터 멀어져가고 있는 모습을 보니 안타까움을 느낀다. 이런 사람들을 주님께로 인도하여 진리 안에서 참된 자유를 누리도록 돕고 싶다.

영적인 세계를 조금씩 볼 수 있게 되면서 이전에 살던 것과는 다른 삶을 살 수 있는 길을 자연스럽게 알 수 있었다. 또한 자연스럽게 죄에서 멀어져갔다. 그렇다고 죄를 짓지 않는다고 할 수는 없지만 조금씩 죄를 더 멀리 할 수 있는 능력을 키울 수 있게 되었다. 앞으로 더 깊이 영안이 열리기를 소망한다.

이 시대에 영적인 눈을 뜨고 살아갈 수 있음에 감사한다. 주님이 열어주신 영안인 만큼 철저히 회개하며 마지막 때에 깨끗한 그릇으로 준비되어 쓰임받기를 소망한다.

죄는 지은 분량만큼
회개해야 한다.

영적
천재들의
이야기

2부
영안이 열린 목회자 자녀들
··· 중·고생 ···

영적
천재들의
이야기

영적인 세계는 민감하다

이환호(13세)
실로암 본부 센터에서 사역과 훈련을 받고
영안이 열린 파주 월드림 센터 목사님 자녀

실로암을 만나다

나는 이제 중학교 1학년이 되는, 키가 자라는 것을 좋아하는 학생이다. 내가 실로암 센터에 다닌 지 7년이 넘어간다. 지금도 영적으로 완전히 깨끗한 것은 아니지만 그래도 전보다는 많이 깨끗해졌다. 이 영적 세계를 알기 전 나는 그냥 일반 어린아이들처럼 내 맘대로 되지 않으면 짜증내고, 윗사람의 말도 듣지 않고, 화가 나면 나중에 후회할 일을 많이 저질렀다.

그렇게 죄도 많이 짓고 진정 하나님을 믿는 것이 무엇인지 생각도 하지 않고 살다가 실로암 센터의 한양훈 목사님을 만나게 되었다. 그때는 너무 어려서 내가 거기에 왜 갔는지도 몰랐고 아무 이유 없이 목사님을 멀리했다. 알고 보니 그때는 내게 악한 영들이 너무 많아서 악한 영들이 목사님을 싫어해서 그런 것이었다.

영안이 열리다

영 진단을 처음 받았을 때 나는 철이 없고 아무것도 몰라서 그게 어떤 것인지 잘 알지 못했지만 우리 가족은 반신반의하면서 받아들였다. 그렇게 진단을 받은 후 회개를 시작했는데 교회에서 우리 가족이 회개할 때 솔직히 나는 놀기만 했다. 그때가 일고여덟 살 때였을 것이다. 나는 회개도 제대로 하지 않았는데 부모님이 열심히 회개를 하시자 우리 가족으로부터 악한 영들이 많이 떠나갔고 나도 깨끗해져서 나도 모르게 영안이 그냥 열렸다.

영안은 보통 임파테이션을 해도 쉽게 열리는 것이 아닌데 부모님이 열심히 하시니 자녀인 내가 저절로 영안이 열린 것이다.

어느 날부터인가 집 안에 낯선 사람이 보였는데 보이다가 사라지는 것이었다. 악한 영은 주로 사람의 형상을 하고 있었는데 가구 뒤에서 빼꼼히 내다보다가 내가 보면 순식간에 사라졌다. 그래서 부모님께 말씀드렸더니 얼마 뒤 나를 센터로 데려가셔서 박영미 사모님께 말씀드렸다. 그랬더니 사모님이 영안이 아주 잘 열렸다고 기뻐해주셨다. 악한 영들이 사람의 형상을 하고 있는 것을 내가 보았던 것이다.

사모님은 기뻐하시며 다른 사역을 해보셨다. 자기가 손에 반지를 끼고 있는데 보이느냐고 물으셨다. 원래 아무것도 없는 손이었는데 진짜 반지가 보이는 것이었다. 손가락마다 무슨 반지가 끼워져 있다고 보이는 대로 말씀드렸더니 잘 했다고 하셨다. 하지만 한 손가락에 여러 개가 끼워져 있는데도 그 중 일부만 볼 수 있어서 좀 아쉬웠다.

그 후로 나는 본격적으로 훈련에 들어갔다. 아침에 센터에 가면 밤 10시가 넘어서 집에 오는 생활이 반복되었다. 정말이지 영적인 세계가 그렇게도 넓고 깊고 다양하다는 것을 그제야 알게 되었다. 그렇게 얼마간의 훈련 기간이 끝나고 졸업을 했다.

그 뒤에 센터에 있으면서 많은 사람들이 이곳을 거쳐 가는 것을 보았다. 어떤 사람은 이런 영적인 사역을 잘 받아들이고 열심히 훈련하고 졸업해서 계속 봉사하시는 분도 계셨지만, 졸업만 하고 가서 다시 오시지 않거나, 훈련받는 것마저도 끝까지 하지 않고 중간에 나가시는 분들도 많았다. 그런 점에서 모든 과정을 다 마친 우리 가족은 참 축복받았구나 하는 생각이 들었다.

영안이 열린 후

영안이 열리고나서부터는 악한 영들이 내 몸에 붙는 것이 조금씩 느껴졌다. 영 분별의 은사가 몸으로 느껴지는 것이었다. 갑자기 머리에 뭐가 박힌 것 같고 가시에 찔린 것처럼 배에 아픈 느낌이 들었다. 아무런 접촉이나 충격도 없었는데 말이다. 영안이 열리고나서부터는 조금 더 좋은 것과 나쁜 것, 즉 선과 악의 경계가 보다 확실해졌다. 내가 평소 궁금하거나 헷갈렸던 부분의 해답도 많이 얻었다.

하지만 내게는 단점도 있었다. 나보다 센터를 늦게 알고 훈련을 받은 분들 가운데 내가 보기에 교만해 보이는 나이 많은 분들이 있었다. 하지만 그분들은 영적 관리를 잘해서 나보다 영안이 더 잘 열려 더 잘 보는 경우가 부지기수였다. 그런 면에서 '내가 너무 어렸을 때 영안이 열려서 관리를 잘하지 못했구나'라는 생각이 들었다. 그래도 요새는 관리를 잘 해서 영적인 눈이 깨끗해졌다.

학교생활에서

영안이 열리고나서 학교에서 친구들이 하는 행동을 보면 꼭 나의 예전 모습 혹은 지금의 숨겨진 모습을 보게 된다. 친구들의 행동을 보면 이전에 내가 저랬었는데 고쳐야겠다 하는 생각이 든다. 또 나는 영안이 열린 뒤에도 욕을 하며 욱하는 성질을 고치지 못했다. 중요한 일을 하고 있을 때 누군가 나를 건드리면 속에서 욱하고 올라와 과격한 행동이나 욕을 하는 것이다. 누군가 나를 욕하거나 무시하는 말을 할 때에도 그렇게 성질을 낼 때가 있다.

6학년이 되고 그런 행동을 더 많이 하게 되었는데, 그렇게 된 데는 담임선생님도 한 몫 하셨다. 처음에는 매우 선량하고 약속을 잘 지키는 분으로 생각해 내가 초등학교에서 만난 최고의 선생님인 줄 알았는데, 2학기가 되면서 태도가 바뀌셨다. 약속도 지키지 않으시고 때때로 이유 없는 폭력을 행사하셨다. 선생님의 이런 생활지도와 나의 욱하는 성격 때문에 선생님께 많이 혼나고 맞았다. 하지만 이런 것도 다 나의 모난 성격을 깎아내는 담금질이라고 생각한다.

내 친한 친구들 중 7-80퍼센트는 불교나 다른 종교를 믿는다. 그래서 여러 번 시험을 받은 적도 있었다. 그런 친구들과 노는 것은 마음이 편하지 않았다. 친구들은 나와 사고방식이 너무 달랐다. 예를 들어 거짓말은 자유롭게 해도 되는 것처럼 천연덕스럽게 했다.

또 자기들이 술 마신 것을 자랑으로 여기며 누가 더 어릴 때에 마서봤는지 서로 겨루기도 했다. 그건 마치 '나는 몇 살 때 벌레 먹어봤어' 하는 것과 같은 것이다. 또 교회에 다니는 아이들이나 안 다니는 아이들이나 담배는 피우지 않아도 술은 마시겠다고 한다. 보건 시간에 그렇게 교육을 받았는데도 다 어디로 들었는지 모르겠다.

나는 영안이 열리고 점점 성장해가면서도 어떤 때는 더 위선적이 되어가는 것 같다. 무엇이 죄인지 알게 되면서 자범죄도 늘어가는 것 같다. 알고도 짓는 죄가 너무 많아지는 것이다. 그런데 희한한 것은 죄를 짓거나 영적으로 좋지 않은 곳에 가면 머리가 너무 아픈 것이다.

가족의 변화

영안이 열리고 나뿐 아니라 가족에게도 변화가 생겼다. 집안 분위기와 가족의 성격이 바뀌었다. 우리 아버지가 화가 나시면 집안 분위기가 얼어붙곤 했었는데 영안이 열리고 실로암 센터를 알게 되신 후로는 혈기 분노가 많이 줄어드셨다. 우리 아버지는 계속 실로암 센터에서 봉사하시면서 실로암 센터 총무가 되셨다.

실로암 영성 수련회

실로암 센터에서는 수련회를 한다. 수련회 기간은 3박 4일이다. 3박 4일 동안 영안이 열리지 않은 사람들은 정말 열심히 회개하고, 영안이 열린 사람들은 훈련을 통해 영안이 더 잘 열리도록 노력한다. 하지만 수련회 기간 동안 훈련이나 회개를 제대로 하지 않고 놀기만 하는 사람들도 있다. 이런 사람들은 정말 돈 낭비하는 사람들이다. 수련회비까지 내고 왔는데도 얻어가는 게 없는 사람들은 정말 불쌍하다. 다른 사람들의 눈에도 보기 좋지 않은데, 그 모습을 바라보시는 하나님의 마음은 얼마나 안타까우실까.

영안에 대해서

이제부터 영안이 열린다는 것이 어떤 것인지 말하고 싶다. 일반적으로 영안은 회개를 열심히 하고 임파테이션을 통해 열린다. 하지만 나처럼 부모님이 열심히 회개하셔서 자동으로 열리는 경우도 있다. 그런 경우는 주로 어릴 때 열리는 경우가 많아서 잘 보이기는 하지만 관리를 잘 못해 영안이 흐려지거나 닫히는 경우도 있다. 영안이 한번 닫히면 다시 열리기는 어렵다. 처음의 몇 배로 회개해야 다시 영안이 열린다.

영안이 열리면 지렁이나 뱀, 용, 사람 등 다양한 형태의 악한 영이 보인다. 물론 용이나 뱀, 사람의 형상으로 존재하는 영들은 작은 지렁이만 한 영들이 모여 만들어진 형상이다. 영안이 세계적으로 잘 열린 사람들은 전화만 해도 영이 보이고 눈을 뜨나 감으나 영이 보인다고 한다.

한 일화로 박영미 사모님이 예전에 어떤 목사님이 교회를 지으려고 하는데 진단을 해달라고 해서 가신 적이 있었다고 한다. 그 때 사모님이 교회를 지을 땅을 보니 시체들이 땅 속에 있는 것이 보였다.

물론 이 시체는 전부 악한 영들이었다. 그 사실을 목사님께 말씀드렸더니 믿지 않으셨다고 한다. 그래서 사모님이 믿게 하려고 그 동네 어르신을 만나러 갔다. 가서 물어보니 그 자리가 북한군이 후퇴할 때 부상자와 포로들을 산 채로 묻은 곳이라고 하셨다. 결국 그 목사님은 그 땅을 팔고 다른 곳에 교회를 지어 목회를 잘 하고 계신다고 한다.

이처럼 영안이 열리는 것은 나와 다른 사람들에게 이로운 것이다. 성도들 모두가 마지막 때까지 신앙을 잘 지키며 살게 되기를 바란다.

영안이 열리고나서부터는
악한 영들이 내 몸에
붙는 것이 느껴졌다.

날마다 회개에 힘써요

김하은(13세)
군산의 새희망 센터 목사님 자녀로
실로암 본부 센터에서 사역과
훈련을 받고 영안이 열림

회개하고 영안이 열리다

나는 영안이 열리기 전에는 기도가 힘들고 하기 싫으며 재미없는 것으로 생각했다. 그래서 기도할 때마다 눈치를 보면서 기도하지 않고 다른 생각하면서 졸기도 했다. 영안이 열리기 전에는 구원에 대한 확신도 없었고 천국과 지옥이 있는지도 의심했었다. 그리고 미신도 잘 믿어 심심할 때마다 컴퓨터로 점을 보고 회개도 하지 않았다.

그런데 부모님이 회개를 아시고 난 후 회개는 꼭 해야 한다고 말씀하셨을 때 나는 그냥 부모님이 회개가 중요하다고 하시니까 회개를 하기는 했지만 형식적으로만 했다. 부모님이 나를 보시고는 회개문을 그냥 읽지 말고 마음으로 읽어야 한다고 하셔서 최대한 마음을 실어 읽었더니 우상숭배의 영이 많이 떠나고 깨끗해져서 영안이 열리기 시작했다.

그리고 주님을 볼 수도 있고 대화도 나눌 수 있게 되었는데 주님께서 회개를 꼭 하라고 나에게 말씀하셨다. 또한 천국과 지옥을 보면서 확신이 생겼다. 지옥을 보고는 회개를 정말 열심히 해서 천국에 가야 되겠다는 마음으로 열심을 냈지만 이상하게 시간이 지날수록 주님과 대화도 잘 되지 않고 회개도 잘 하지 않게 되자 기도 시간이 재미없고 설교 시간도 지루하고 주님과 소통하는 것도 힘이 들었다.

아무래도 내리막길로 가는 것 같았다. 그리고 나의 생활이 점점 힘들어지고 돈도 많이 들어오지 않기 시작했다. 그래서 회개는 정말 중요하고 하루라도 빠지면 생활이 힘들어지고 주님과 소통하기도 어려워진다는 사실을 알게 되었다.

영안이 열리고나서 내가 어느 정도 영적 위치에 있는지 알 수 있고, 나에게 어떤 악한 영이 있는지, 얼마나 많은 세력이 있는지 알 수 있게 되어 회개를 열심히 하게 되었다. 또 나에게 어떤 은사가 있는지도 알 수 있고, 나의 영적인 세마포가 얼마나 더러운지 깨끗한지도 볼 수 있었다. 또 내 심령의 물과 그 그릇을 볼 수 있고, 나의 천국집도 볼 수 있으며, 나의 수호천사도 볼 수 있다. 주님께서 주시는 말씀을 통해 주님과의 사이가 얼마나 좋은지도 알 수 있고, 내가 얼마나 회개를 많이 해야 하는지도 알 수 있어서 영안이 열린 것이 정말 좋았다.

교회의 변화

영안이 열리기 전 우리 교회는 맨 처음에는 재미있고 경제적으로나 성도 수로도 지금보다 훨씬 안정적이고 넉넉했다. 하지만 시간이 지날수록 교회의 모습은 기쁨이 없어지고 점점 지쳐가고 힘들어졌다. 이런 어려움이 닥치고나서 아빠는 영적인 책들을 보시고, 새벽마다 열심히 기도하시고, 책에서 보신 대로 한 번씩 실험도 해보셨다. 그러다가 『내 양을 치유하라』는 책을 읽고 회개가 중요하다는 것을 깨달으셨다. 그래서 열심히 회개하시고 영안이 열리고난 후에는 주님께서 원하시는 설교를 하고 말씀을 전하신다.

하지만 우리 교회 성도들은 소수의 사람들만 회개를 하고 다수의 사람들은 회개를 하지 않았다. 회개를 한 사람들은 잘되고 영안도 조금씩 열린 분도 있고, 주님께서 복을 주시는 사람도 있었다. 그 후에 주님께서 우리에게 멀리 이사를 가 다른 곳에서 목회를 하라고 하셔서 군산으로 옮겼다. 아버지는 교회를 세우셨고 성도들에게 회개를 가르치고 계신다.

가정의 변화

영안이 열리기 전 우리 가족은 문제가 있을 때마다 주님께 물어보지도 않고 우리 힘과 생각으로 문제를 해결하려고 했다. 하지만 문제는 더욱 커지고 힘들어져 영적으로나 육적으로나 지쳤는데, 바로 그 때 회개를 알게 되었다. 그리고 영안이 열리고부터는 문제가 있을 때마다 주님께 물어보았고, 주님께서 기뻐하시고 원하시는 대로 문제를 해결하면 일이 잘 풀려 기쁨과 감사가 넘치게 되었다. 그리고 가족끼리 영적으로 대화하면 재미있고 화기애애하고 너무 좋다.

비전의 변화

영안이 열리기 전에는 주님께서 원하시는 비전보다 내가 편하고, 재미있고, 하고 싶고, 부모님이 하라고 하시는 비전을 생각했다. 하지만 영안이 열리고나서는 내가 그 전에 정한 비전들은 세상으로 향하는 비전이기에 아무 쓸모없는 것이라는 사실을 알게 되었다. 그래서 주님께서 원하시고 기뻐하시는 진로를 정하게 되었고, 이를 위해 더 열심히 공부하기로 결심했다.

영안이 열리고나서 내가 어느 정도 영적 위치에 있는지, 나에게 얼마나 많은 세력이 있는지 알 수 있어서 회개를 열심히 하게 되었다.

영적 천재들의 이야기

주님과 진로를 의논해요

고석훈(14세)
전주에서 목회하시는 목사님 자녀로
주열방 센터에서 사역과 훈련을 받고
영안이 열린 중학생

영안이 열린 후의 변화

나는 영안이 열리기 전에는 일상생활이 그저 귀찮았다. 주일마다 교회에 가는 것이 싫었고, 걸어가야 하는 것도 귀찮았다. 그리고 학교에 가는 것도, 학교에 있는 것도 싫었다. 하지만 회개를 한 후 영안이 열리고 생각이 변하였다. 걸어 다니는 것도 괜찮았고 교회에 가는 것이 많이 귀찮지는 않게 되었다. 학교에서도 공부에 흥미를 느낄 때가 많아졌다. 모든 면에서 조금씩 좋은 방향으로 가고 있다.

영안이 열린 후 우리 가족에게는 성격의 변화가 많이 있었다. 그전의 나는 가족이나 친구들과 많이 다투었는데 이제는 싸움을 적게 하고 화가 나도 많이 참을 수 있게 되었다. 여러 면에서 많이 좋아졌다.

영안이 열렸다고 장래의 꿈이 변하지는 않았다. 내 꿈은 요리사인데 실로암을 다니면서 꿈이 바뀔 뻔하기도 했다. 먼저는 건축가로, 다음에는 목사님으로 바뀔 뻔하였다. 하지만 아무리 생각해도 요리사가 더 나은 것 같았다. 왜냐하면 나는 요리를 좋아하기 때문이다. 건축에도 흥미를 느끼기는 하지만 요리가 더 재미있다. 기도하는 가운데 주님은 내가 좋아하는 직업을 선택할 수 있도록 허락하셨다. 나는 요리사가 될 것이다.

훈련과 사역

내가 처음에 영안이 열렸을 때 나이가 어렸지만 채 목사님이 도와주셔서 어렵지 않았다. 그 때 맨 처음 했던 사역은 잘 기억이 나지 않는데 주님이 주신 말씀, 은사 진단, 영 진단 등을 훈련했다. 그 외에도 여러 훈련을 받았다.

몸에 있는 세력을 내보내기 위해 내가 지금까지 받아본 사역 방법은 두 가지다. 몸에 있는 세력을 사역자가 손으로 눌러서 빼는 것과, 말로 예수님의 이름을 불러 세력을 빼는 것이다. 나는 말로 세력에게 명령해 빼는 것이 더 낫다고 생각한다. 왜냐하면 손으로 눌러서 빼면 내 몸이 아프기 때문이다. 다른 사람들도 그럴 것이다.

기도하는 가운데 주님은
내가 좋아하는 직업을
선택할 수 있도록
허락하셨다.

주님께 직접 여쭤봅니다

김종현(16세, 가명)
전주에서 목회하시는 목사님 자녀로
주열방 센터에서 사역과 훈련을 받고
영안이 열린 중학생

영안이 열리다

2009년 가을쯤 개척 교회 목사님이신 아버지께서 나를 채고다 목사님에게 데려가 회개를 시키기 시작하셨다. 나뿐만 아니라 동생과 엄마를 포함해 가족이 함께 회개를 했다.

처음에 회개를 시작할 때 나는 아무것도 모르는 채 목사님이 시키시는 대로 했다. 그 때는 나름대로 열심히 회개를 했던 것 같다. 사역을 받으러 가는 것이 마냥 좋지는 않았지만 또 그렇게 싫지도 않았다. 점차 몸에 있던 영들이 많이 나가게 되었고, 2010년에는 임파테이션을 하여 우리 가족은 모두 영안이 열리게 되었다. 처음에는 악한 영을 보는 것부터 시작하였다. 하지만 뚜렷하게 보이지 않아 긴가민가하기도 했다. 아마 대부분의 사람들이 처음에는 많이 의심할 거라고 생각한다. 그렇지만 나는 별다른 문제없이 악한 영을 보는 것에만 집중했다.

실로암 여름 수련회를 가다

그해 여름 수련회를 가족과 함께 처음으로 가게 되었다. 하지만 적응이 잘 되지 않았다. 내 또래 친구들도 보이지 않을 뿐더러 온통 처음 보는 사람들이었기 때문이다. 처음 참석한 수련회가 그리 즐겁지는 않았지만 여러 가지 새로운 사역을 받을 수 있는 것은 좋았다. 지금은 수련회에 차차 적응해가며 방학이 되면 꼭 오고 싶은 곳이 되고 있다.

영 분별 훈련과 사역

영을 보는 훈련을 할 때 한 사람을 눕혀 놓고 여러 사람이 영안으로 세력을 보거나 진단을 하면 거의 같은 결과가 나온다. 나는 이런 것이 정말 신기하게 느껴진다. 그렇지만 약간 의심이 갈 때도 있다. 내가 본 것이 맞는지, 그냥 내 생각은 아닌지 하는 마음이 들 때도 꽤 있었다. 영안이 잘 열린 목사님들과 다른 분들은 눈을 뜨고도 세력을 본다고 하신다. 나도 회개를 열심히 한다면 그렇게 잘 보일지 궁금하다. 나도 빨리 그 정도의 수준이 되고 싶다.

영안이 열린 후의 변화

영안이 열렸다고 하면 무언가 새롭게 변한 것처럼 생각되겠지만 나의 일상생활은 겉으로 보기에는 옛날과 똑같았다. 학교에 가면 날마다 만나는 평범한 친구들과 다를 바가 없었다. 하지만 내면은 하나님께 더 가까워졌다는 생각이 들었고, 회개하여 거룩해져서 천국에 간다는 말이 어린 나로서는 마냥 좋기만 했다.

영안이 열린 후 좋은 점은 궁금한 것이 있을 때 주님께 여쭤보고 응답받을 수 있다는 것이다. 일상생활에서 선택하기 애매한 상황이 올 때 주님께 여쭤보면 주님은 답변을 해주신다. 이 때문에 내 생활에서 크게 갈등을 겪는 일은 거의 없게 되어 더 나은 생활을 할 수 있게 되었다.

가족의 변화

실로암 사역에 참여한 후 특히 우리 아빠에게 많은 변화가 있었다. 우리 친가는 혈기 분노가 많아 툭하면 화내는 것이 일상이었다. 하지만 회개를 시작한 후 아빠의 성격이 조금씩 변해가고 있는 것을 느낀다. 무엇을 두 번 물어보면 화낼 정도였던 우리 아빠가 정말로 온유한 성품으로 바뀌어가고 있다. 실로암의 회개 사역은 우리 가정에 작은 평화를 가져다주었다.

비전의 변화

초등학생 때 나는 정확히 바라는 꿈이 없었다. 영안이 열리고 난 후 내게는 수학 교수라는 꿈이 생겼다. 평소에 수학을 좋아했고 또 어느 정도 잘하기도 했기 때문이다. '나의 진로는?'이라는 사역에서 주님이 원하시는 직업으로 수학 교수가 나와 나의 목표는 더욱 명확해졌다. 공부도 열심히 하고 주님을 의지하며 앞으로 나아가 꼭 꿈을 이룰 것이다.

흐트러진 마음을 다잡다

중학생이 되고부터 나도 모르게 회개를 점점 멀리하게 되었다. 점점 영적으로 후퇴해가는 내 자신을 보면 안타까웠지만, 막상 회개하려 하면 귀찮아지는 것이 다반사였다. 실로암에 온 지 3년 가까이 되었지만 딱히 성장하지 않는 내 자신이 한심하기도 했다. 그래서 이번 겨울 수련회 후에는 마음을 다잡고 회개에 더 신경 쓰려 한다. 하루에 최소한 30분씩은 회개하기로 나 자신과 약속했고 또 주님과도 약속하였다. 이 약속을 지키려 최선을 다 할 것이다.

실로암 사역에 대해 느낀 점

실로암 사역은 마치 양치기와 같은 것이라고 생각한다. 눈이 좋지 않아 앞을 잘 보지 못하는 양들에게는 의존할 것이 양치기 밖에 없다. 실로암 사역은 어긋난 길로 간 사람들을 올바르게 붙잡아주고, 캠프를 통해 주님과 더 가까이 의사소통 할 수 있는 기회들을 마련해준다. 사탄은 우리를 공격할 기회를 틈틈이 엿보고 있다. 주님과 함께 악한 사탄 마귀를 대적할 수 있도록 기도해야겠다.

영안이 열린 후 좋은 점은
궁금한 것이 있을 때
주님께 여쭤보고 응답받을
수 있다는 것이다.

주님께 더욱 경건하기 원합니다

김철식(17세, 가명)
포항 센터 목사님의 자녀로
실로암 본부 센터에서 사역과 훈련을 받고
영안이 열린 고등학생

회개를 통해 영안이 열림

나는 모태 신앙으로 태어난 17세 소년이다. 내가 평범하게 교회를 다니다가 처음으로 영의 세계를 듣고 알게 된 것은 초등학교 5학년 때부터이다. 실로암 사역 센터를 통해 영의 세계를 보기 전 나는 종교인으로 그냥 형식적으로 예배를 드리는 사람이었다. 모태 신앙이기는 했지만 인격적으로 하나님을 만나지 못했고, 어려서부터 이유도 모른 채 수동적으로 이끌려 교회를 다녔다. 그래서 어려서부터 우리 또래들이 흔히 저지르는 여러 가지 죄를 짓고 다니는 악동이었다. 그러다 부모님이 실로암을 만나게 되셨고 난 또다시 수동적으로 이끌려 갔다.

그곳에서 내 영적 상태를 진단받고 회개 기도를 했는데 그게 내가 처음으로 회개를 한 것이었다. 부모님이 열심히 회개하시는 모습을 보고 나도 나름 열심히 하기 위해 어릴 적 지었던 죄들을 하나님께 내놓았다. 어릴 적에 마음과 행동으로 지었던 죄들을 내놓고 보니 죄악이 참 많았다. 그리고 생각나는 죄들을 하나하나 회개했다. 그렇게 여러 날을 회개하고 보니 어느덧 나도 모르게 영안이 열려 있었다.

영적인 세계를 본다는 것이 처음에는 마냥 신기했고 조금 의심은 들었다. 영안이 열린 다른 사람들과 내가 보는 관점이 조금 달라서 처음에는 '내가 잘못 보는 것은 아닌가?' 하고 의심을 많이 했었다. 그런데 어른들께서 하나님이 보여주시는 방법이 사람마다 다르고 그 내용도 주님과의 관계에 따라 차이가 난다고 하셨다. 또한 '네게 보여주시는 것이 주님이 보여주시는 것이다'는 말씀을 믿고 아버지와 함께 사역을 했다. 그 당시는 순수해서 그랬는지 잘 보여서 마냥 신기했다.

어른들께서 더 열심히 하면 영적 계급도 높아지고 더 깊은 영의 세계를 알 수 있다고 하셔서 그 말씀을 의지해 그 후부터 조금씩 능동적으로 회개를 했고, 교회 일도 적극적으로 하게 되었다. 그렇게 회개 사역을 하기 시작하자 우리 집안 분위기도 회개를 열심히 하는 흐름을 타게 되었다. 가족이 다 함께 회개를 해야 회개가 더 잘 된다는 부모님의 말씀과 신기한 것을 더 알고 싶은 어린 마음에 열심히 동참해서 가족 모두가 뜨겁게 회개했다.

가족 모두가 회개했지만 나와 가문과 조상이 이제까지 지은 죄가 너무 많고 여전히 살아계시면서 죄를 지으시는 어른이 계셔서 가정에 갑작스러운 변화는 없었다. 오히려 시험 같은 환란이 있었다. 어머니가 병을 얻으셨는데 낙심하지 않고 꿋꿋이 나아가니 하나님이 어머니의 생명을 지켜주셨다.

그 후 어머니는 조금씩 나아지셔서 지금까지 잘 생활하고 계시다. 내가 열정이 식어 회개를 열심히 하지 않아 이런 일이 생기고 가족의 화목을 빼앗긴 것 같아 죄송하였다. 요즘은 어머니 생신을 기념으로 해서 정신 차리고 다시 돌아오고 있다.

영안이 열린 후의 변화

주님은 우리 교회에 참 많은 은혜를 주셨고, 나도 그 어느 때보다 적극적이며, 가능한 최선을 다해 봉사하려고 노력하고 있다. 부모님도 주님 나라를 위해 최대한 열심히 준비하고 계신다. 학교에서는 더 밝고 경건하게 살려고 노력하고 있는데 그렇게 사는 게 아직은 좀 힘들게 느껴진다. 학교에서 더 많은 죄를 짓는 것 같아서 예전에는 그냥 지나칠 일도 그렇게 하지 못한다. 나를 돌아보는 그런 시간들을 보내고나니 예전보다 조금은 깨끗해진 느낌이 들어서 기분이 상쾌하다.

영안이 열린 직후에는 나의 장래에 대한 변화가 없었는데, 계속 회개하면서 목사라는 직업에 대한 확신이 더 강해졌고 선교사에 대한 꿈도 커졌다. 그동안 선교사에 대해서는 거의 확신이 없었는데 회개를 하면 할수록 아직도 죄와 회개를 모르고 예수님조차 모르는 불쌍한 영혼들에 대한 안타까운 마음을 갖게 되었고, 선교사에 대한 비전이 내 마음속에서 확실히 자리를 잡게 되었다.

주님의 말씀이고 주님의 뜻이라면 무엇이든 할 수 있겠지만 기름부음이나 예언보다 회개가 더 중요하다는 사실을 깨닫고 회개에 중점을 두고 있다. 지금은 악기도 연습하고, 말씀도 듣고, 성경도 읽으면서 주님 나라를 위해 열심히 준비하고 있다.

영안이 열리기 전에는 성경적 지식만을 배우고 영의 세계는 믿지 못했었는데 영안이 열린 후 '아, 진짜 이런 세계가 있구나' 하면서 영의 세계에 대해 더 확고한 믿음을 갖게 되었다. 내가 지금까지 알던 세계가 전부가 아니라는 사실도 확실히 믿게 되었고, 주님과의 관계를 위해 열심히 회개하게 되었다. 사람마다 영적으로 수준이 다르다는 사실을 알고 영적 성장을 위해서 더욱 열심을 내어 회개하게 되었다.

사역하면서 일어난 일

영안이 열린 후 사역을 하면서 가장 기억나는 일은 어머니를 사역했을 때의 일이다. 어머니의 발 부분을 보았는데 작은 천사들이 각자 악기를 들고 원을 그리며 날아다니면서 연주를 하고 있었다. 또한 어머니가 주님께서 영적인 능력의 칼을 주시는데 그 칼을 받지 않으시고 오히려 피해 다니시던 모습을 환상으로 보았다. 영안이 열린 지 얼마 되지 않은 상태였고 당시는 내가 아무것도 모르는 순수한 마음이었는데 그런 세계를 접하니 매우 신기하고 놀라워 인상이 깊게 남았다.

결국 영안이 열렸다는 것이 어떻게 보면 삶의 큰 변화를 가져온 것처럼 보이지는 않지만, 내가 만약 회개를 깊이 알지 못했다면 지금 여기까지 오지 못하고 무언가 더 어둡게 살았을 것이란 사실을 깨닫는다. 영안이 열리고 회개 사역을 함으로써 주님을 더욱 깊이 생각하게 되었고, 일상생활 속에서 짓는 죄들을 인식하면서 주님 앞에 더욱 경건해지기 위해 노력하게 되었다.

회개 사역은 내 인생의 목표가 바뀌고 확정되는 계기가 되었다. 또한 내가 조금이라도 주님께 더 가까워질 수 있다는 것과 지금도 많이 깨끗해졌지만 앞으로 더 깨끗해질 수 있다는 사실을 알게 되어 정말 주님께 큰 은혜를 받은 것 같다. 끝으로 이런 사실을 나 혼자 아는 것으로 그치지 않고 더 많은 사람들에게 전하고 싶다. 더 많은 사람들이 이런 영적 세계를 알아서 주님 마음에 합한 사람들이 되었으면 좋겠다.

일상생활 속에서 짓는 죄들을 인식하면서 주님 앞에 더욱 경건해지기 위해 노력할 수 있었다.

주님과 함께 천국을 느껴요

박진아(14세)
서울에서 목회하시는 목사님 자녀로
실로암 본부 센터에서 사역과 훈련을 받고
영안이 열린 중학생

환상을 보다

4학년인 나는 항상 그렇듯 금요 철야를 갔다. 그때 난 환상을 보았다. 사실 난 그때까지도 하나님이 정말 살아 계신지, 진짜 존재하시는지 믿겨지지 않았다. 그 환상은 이랬다. 검은 바탕이 있었는데, 세 가지 갈고리가 검은색 바탕을 찢자 거기에서 피가 주르륵주르륵 흘러내리는 것이었다. 깜짝 놀란 나는 그 이야기를 여기저기에 퍼뜨리고 다녔다. 그런데 얼마 안 되어 내 영안이 닫혀

버렸다. 더 이상 환상이 보이지 않았다. 다른 사람들이 볼 수 없는 기이한 것을 보다가 보지 못하게 되니 난 정말 죽고 싶었다.

아빠가 목회를 시작하시다

세월이 지나 나는 6학년이 되었다. 6학년이 되었지만 몇 년 전 영안이 열렸던 일이 엊그제처럼 생생했다. 그렇지만 그때 나는 많이 타락한 세상 아이들 중 하나였다. 난 화장, 날라리, 렌즈와 같은 정말 많은 것들에 눈을 떴다. 그리고 세상의 음악과 춤에 빠지는 등 정말 말할 수 없이 타락하였다.

그런데 정말 생각지도 않게 갑자기 아빠가 목사가 되시더니 목회를 시작하셨다. 난 아빠를 계속 말렸다. 왜냐하면 내가 세상적으로 많이 타락했기 때문에 아빠가 목사가 되면 자녀인 나는 그 세상에서 나와야 했기 때문이다. 난 정말 그러기 싫었다. 난 결국 울음을 터뜨렸다. 정말 속이 상해 방 안에 들어가 아무도 모르게 펑펑 울었다. 아빠가 목회한다는 것이 너무 싫었다.

실로암에 대해 알게 되다

중학교 1이 된 지금 나는 기적처럼 다시 영안이 열린 사람들이 모인 곳에 오게 되었다. 이 일은 아주 우연히 시작되었다. 아빠가 개척하신 교회 건물이 예전에도 교회였었다고 주인 아주머니께서 알려주셨다. 그러던 어느 날 전에 목회하시던 목사님 앞으로 책 한 권이 배송되었다. 아빠는 전부터 영적인 일에 관심이 많으셔서 그 책을 살짝 보기만 하고 돌려드리려고 책을 펴서 읽기 시작하셨다. 한 장 두 장 … 아빠는 그만 그 책에 빠져 버리시고 말았다. 결국 아빠는 그 책을 보낸 교회를 찾아가셨다. 그렇게 이 만남이 시작되었다.

아빠가 처음 혼자 그 교회에 가셨을 때 정말 진지하게 진단을 받으시고 깜짝 놀라셨다고 한다. 아빠는 그 교회 사모님께 "그럼 전 목회를 그만두어야 하나요?"라고 물어보셨다고 한다. 하지만 사모님은 목회는 계속 하되 회개 기도문 책자를 주시면서 열심히 회개 기도를 하라고 하셨다고 한다. 아빠는 그 이후 한 달간 훈련을 받고 영안이 열리셨다. 그 무렵부터 우리 교회는 회개와 기도로 거듭나게 되었다.

영 분별 훈련을 시작하다

나도 아빠를 따라서 그곳에 가서 영 진단을 받았다. 하지만 의심이 많아서 별로 믿기지 않았지만 회개도 하고 훈련을 받기 시작하였다. 그런데 눈을 감고도 영적으로는 보는 일이 일어났다. 정말 놀랍고 신비하였다. 옛날에 영안이 열려 보았던 것과는 비교할 수 없이 넓고 깊은 세계를 보았다.

실로암 청소년 수련회에 가다

어느 날 아빠가 나에게 실로암에서 하는 수련회를 권하셨다. 나는 딱 잘라서 거절하였다. 왜냐하면 나는 그때까지도 세상의 아이였기 때문에 텔레비전을 사랑하고 있었던 것이다. 수련회 기간 동안 텔레비전을 볼 수 없다는 것이 나는 너무 힘들었다. 하지만 아빠가 강하게 권하셔서 어쩔 수 없이 수련회에 참여하였다. 수련회는 영안이 열린 수준 있는 사람들의 모임이었다. 난 훈련이 끝난 지 얼마 되지 않아 아직 영안이 열리지 않았다고 생각해 훈련보다는 회개만 열심히 하였다. 수련회는 영안이 잘 열린 사람들은 훈련을 받고, 영안이 안 열린 사람들은 회개와 사역을 받는 프로그램으로 운영되었다.

이틀 뒤 그 교회 사모님이 오셨다. 난 줄곧 그 사모님께 훈련을 받았기 때문에 사모님은 내가 회개하는 그룹에 있는 것을 보시고 "너 왜 여기 있어, 빨리 훈련 받아"라고 하셨다. 그래서 난 바로 영안이 열린 사람들과 함께 한 목사님께 훈련을 받았다. 그때가 마침 천국을 보는 시간이었다. 난 심장이 터질 것처럼 가슴이 두근거렸다. 천국을 본다는 것은 너무 엄청난 일이기 때문이었다. 난 어떻게 할 줄 몰라 누워서 주님께 '보여주세요. 보여주세요'라고 말씀드렸다. 그런데 정말 신기하게 잠시 후 내가 하늘나라에 올라가 있는 것처럼 내 몸이 공중에 떠 있는 것이 느껴졌다. 순간 정말 짜릿하고 뭐라 말할 수 없는 기분을 느꼈다.

그때 내게 보인 환상은 두 가지다. 첫째, 우주 공간인데 파란 바탕에 우주 공간이 떠 있는 환상이었다. 둘째, 내가 진수성찬으로 차려진 식당에서 맛있게 음식을 먹고 있는 것이었다. 나는 깜짝 놀라 일어나려고 했지만 몸이 말을 듣지 않아 일어나기가 어려웠다. 그래서 그냥 누워 있었다. 한 시간쯤 지났을까 한 목사님이 일어나라고 하셨다. 그러자 온 몸이 다시 돌아오면서 몸이 말을 들었다.

그날 밤 설교를 들었다. 다윗처럼 어려운 일이 있어도 힘써 일어나라는 말이었고, 예수님의 눈과 팔과 다리를 사용하라는 말씀이었다. 저녁 식사 시간이 되어 저녁밥을 먹었다. 그날따라

밥을 혼자 먹게 되었다. 혼자 먹으려니 갑자기 슬프고 속상하였다. 하지만 난 설교 내용처럼 당당하게 행동했다. 그러자 정말 덩달아 행복해지기 시작하였다.

난 지금 글을 쓰면서 생각한다. 영안은 하나님께서 정말 필요한 사람에게만 열어주시고, 교만하거나 자랑한다면 다시 가려버리신다는 것을 말이다. 그리고 난 느낀다. 하나님은 정말 살아계시고, 하나밖에 없는 독생자 아들보다 우리를 더 사랑하신다는 것을 말이다. 마지막으로 난 지금 여기까지 온 것이 주님의 뜻이고, 이렇게 회개할 수 있다는 사실이 감사하다.

주님 사랑해요. 정말 감사합니다. 말로 표현할 수 없을 만큼 사랑합니다.

정말 신기하게 잠시 후
내가 하늘나라에 올라가
있는 것처럼 내 몸이
공중에 떠 있는 것이
느껴졌다.

영적
천재들의
이야기

영의 세계를 보는 눈

홍인표(16세)
전주 주열방 센터의 목사님 자녀로
실로암 본부 센터에서 사역과 훈련을 받고
영안이 열린 중학생

영안이란

내가 생각하기에 영안이 열렸다는 것은 주님과 소통하고, 세력을 볼 수 있으며, 천사들이 세력을 잡아 하늘로 올라가게 하고, 사람들에게 붙어 있는 세력들을 보고 회개시킬 수 있는 것이라고 생각한다.

영안이 열리고 처음 사역했을 때 나는 모든 세력이 징그러웠고 생각하기도 싫었다. 하지만 이제 익숙해져서 사역을 하다 세력을 보아도 그냥 그 세력들을 잡아야겠다는 생각뿐이다. 영안이 열리면 천사를 볼 수 있고, 세력을 보고 없애며, 주님의 말씀을 들을 수 있는 등 아주 많은 일들을 할 수 있다.

영안이 열리고나서

나는 어렸을 때 영안이 열렸다. 어릴 적엔 영안이 열린 것이 왜 좋은 건지 몰랐고 왜 열렸는지도 몰랐다. 하지만 자랄수록 그 이유를 잘 알게 되었다. 하지만 처음에 난 영안이 열린 것이 싫었다. 내가 하고 싶지 않은 시역을 해야 하고, 사람들이 영적인 것에 대해 내게 무언가를 물어보고 대답을 해주면 신기해하는 일들이 싫었다.

하지만 지금은 영안이 열린 것이 잘 됐다고 생각한다. 목사님이나 사모님 등 어른들은 영안이 열리기 위해 엄청 힘들어하고 노력해도 잘 열리지 않는데 나는 쉽게 영적인 것을 보고 주님과 말도 하면서 즐겁기 때문이다. 다른 사람들은 어떨지 모르겠지만 영안이 열린 것과 열리지 않은 것의 차이는 크다고 생각한다.

그래서 영안을 여는 것이 힘들어도 그렇게 하는 것이 좋다고 생각한다. 주님과 이야기하며 주님의 뜻을 따라 일하는 건 힘들지만 그래도 주님의 뜻에 따라 일해야 한다. 이것이 좋은 것이라는 사실을 알았다. 영안을 여는 것이 힘들고 계속 노력하는 것이 싫을 것이다. 하지만 영안을 열고 영안으로 사역하는 것은 힘들어도 영안이 열린 것에 대해 후회는 하지 않을 것이다. 어떤 사람이 생각하기에는 영안이 열리는 것이 별것 아닐지도 모르지만 내게는 지금의 나를 있게 해준 특별한 것이다. 혹 누군가는 나를 비웃을지 모르겠지만 나는 진심이다.

비전의 변화

나는 영안이 열리기 전 미래에 대해 생각도 없었고 놀고먹기에 바빠 아무 생각 없이 살았다. 그러나 영안이 열리고 이곳저곳을 다니면서 사역도 하고 사역도 받으며 생각해보았다. 나의 미래는 어떨까 하고. 평상시 특별히 하고 싶은 것도 없었고 남들보다 잘하는 것도 없어서 주님이 내게 무엇을 원하시는지 그 진로를 알아보는 진단을 받았다. 주님이 선택해주셔서 쉽게 진로를 골랐다. 고민을 할 때도 주님께 물어보니 편한 것 같다.

가족과 친구들의 변화

내가 영안이 열려 주님의 말씀을 듣고 대답할 때쯤 우리 가족은 다른 사람들의 세력을 뽑기도 하고 종종 함께 모여 주님이 주시는 말씀을 받으며 궁금한 것을 서로에게 물어보면서 자연스럽게 화목하게 지내게 되었다.

학교에 가도 다른 아이들은 영적인 것을 알지 못하지만 나만 알고 있다는 것이 나름 재미있다. 세력이 많은 곳에 가면 어지러운 것이 싫었지만 이제는 많이 익숙해졌다. 영안을 열어주신 하나님께 감사하다.

영안을 여는 것이
힘들어도 여는 것이
좋다고 생각한다.

영적
천재들의
이야기

모두에게 이 사역을 알리고 싶어요

김희찬(12세)
포항 센터 목사님의 자녀로
실로암 본부 센터에서 사역과 훈련을 받고
영안이 열린 초등학생

영안이 열린 후의 변화

나는 6살 때 영안이 열렸다. 부모님이 열조에 대한 회개를 하시고나서부터 저절로 영안이 열려서 악한 세력이 보였는데 부모님의 말씀을 따라 실로암에 와서 사역과 훈련을 받고 영안이 더 잘 열렸다. 그 후로는 세력이 더 뚜렷하게 보이고 내 몸에서 나가는 것도 느껴졌다. 전보다 기도도 잘 되고 아버지의 설교도 이해가 잘 되었다. 밖에서나 학교에서 착하다고 소문이 나고 친구들도 많아졌다. 선생님들도 칭찬을 많이 하시면서 "쟤는 참 인상이 좋다"는 등 칭찬을 받았다.

영안이 열려서 본 것들

처음 영안이 열렸을 때 '하나님이 살아 계시구나!'라고 느꼈다. 악한 영의 세력이 보이는 게 신기하였고, 더 회개하니 더 뚜렷하게 보이고 세력이 몸에서 나가는 것도 느껴졌다. 세력이 몸에서 많이 나갈 때는 굴뚝에서 연기가 나듯 뿌옇게 나가고, 조금 나갈 때는 민들레 씨가 한 개씩 떨어지는 것 같다.

사역을 할 때

독특한 사역을 한 경험이 있다. 몸이 아프다고 해서 우리 교회에 찾아오신 분이 있었는데 그 때 아버지 옆에서 내가 도와드렸다. 아버지가 사역을 하시는데 사역을 받는 분이 굼벵이처럼 몸이 이상하게 구부러져서 신기했다. 그리고 사역을 받는 분을 위해 기도했더니 온 몸이 저리다고 하신 적도 있다.

사역을 하고 느낀 점은 사역은 참 신기하고 위대하다는 것이고, 하나님이 살아계신 것을 더 확실히 알게 된 것이다. 하나님은 살아계시며 '하나님의 능력으로 악한 세력들은 나갈 수밖에 없구나!'라는 사실을 분명히 알게 되었다. 그리고 더 많이 회개하여 죄를 버리고 천국에 꼭 가야겠다는 다짐을 했다. 무엇보다 이 사역을 전 세계에 알려야겠다는 생각을 했다.

비전의 변화

내 꿈은 의사인데 영안이 열린 후에는 찬양 선교 목사님으로 바뀌었다. 이렇게 꿈이 바뀐 이유는 다른 나라에 가서 복음도 전하고 찬양도 가르쳐주며 병도 치료해주는 일을 하고 싶기 때문이다.

소감

나는 사람들이 자기 몸에 있는 악한 영을 내보내고 또 사역을 받고 회개함으로써 죄를 용서받아 천국에 가면 좋겠다. 천국에 가서 모든 사람과 영원히 살면 좋겠다. 그리고 나는 이 땅에서 영적 계급으로 별을 많이 달아 천국에 꼭 갈 것이다.

그리고 회개 사역은 모든 사람에게 필요하다는 것과 하나님은 만왕의 왕이시라는 사실을 전 세계에 알리고 싶다. 우리나라 사람 모두가 천국에 가면 좋겠지만 최대한 많은 사람이 천국에 가면 좋겠다.

무엇보다 이 사역을
전 세계에 알리고 싶다.

주님의 나라를 준비하는 자

이평화(17세)
파주 교하 센터 목사님 자녀이며
실로암 본부 센터에서 사역과 훈련을 받고
영안이 열린 고등학생

영안으로 본 것들

나는 초등학교 4학년 때 실로암 센터에 왔다. 한양훈 목사님을 만난 후 부모님과 언니들과 함께 열심히 회개하면서 영안이 열렸다. 영안이 열린 것은 영적인 세계를 보는 것이다. 나는 영안이 열린 후 여러 가지 영적인 일을 해보았다. 가장 먼저 한 일은 주님께 보혈의 피를 부어달라고 한 것이다. 그랬더니 작은 아기 천사가 호리병 같은 것을 들고 내게 와 보혈의 피를 부어주는 모습을 보고 내가 영안이 열렸다는 사실을 알게 되었다.

그 아기 천사를 본 후 나는 사람에게 수호천사가 있다는 말을 이미 들었었기 때문에 나를 수호하는 천사의 모습이 궁금해졌다. 그래서 용기를 내어 주님께 내 수호천사의 모습을 보여달라고 기도 드렸더니 정말 수호천사가 보였다. 나의 수호천사는 정말 귀여웠다. 머리카락은 약간 밝은 고동색에 짧은 곱슬머리였고, 눈은 하늘색 빛이 돌았다. 피부도 하얗고 몸집도 작고 날개도 작았다. 내 수호천사는 장난꾸러기처럼 행동을 했는데 하는 행동도 정말 귀엽고 사랑스러웠다.

내 수호천사를 본 후에는 교회에도 수호천사가 있을 것 같아 교회의 수호천사를 주님께 보여달라고 했더니 정말 천사가 보였다. 교회의 수호천사 중에는 장정처럼 큰 천사 하나와 큰 천사를 돕는 천사 셋이 있었다. 이 천사들은 우리 교회를 지키고 있었다. 장정처럼 큰 천사는 큰 칼을 들고 있었다. 다른 천사들도 칼을 들고 있었는데 정말 멋있었다.

교회의 수호천사를 본 후 어머니께서 성도 중 한 분의 이름을 말하시면서 그분의 마음 상태가 어떤지 주님께 여쭤봐달라고 하셨다. 어머니 말씀대로 주님께 기도했더니 환상으로 그분의 이름에 여러 가지 형태가 나타나고 글씨의 자음 모음에 따라 그림 같은 것이 그려지면서 그분의 마음과 영의 상태를 볼 수 있었다. 이름 사역을 처음으로 해본 나는 정말 신기했다.

온 가족이 너무 놀랍고 신기해 다른 분 이름을 여쭤봤더니 계속 이름의 획에 따라 여러 형상이 나타나 영적인 상태를 보여주셨다. 이 환상을 본 후 나는 계속해서 우리 교회 성도님들의 이름 사역을 한 분 한 분 다 해드렸다. 좋은 의미도 있었고 고쳐야 할 내용도 있었다. 성도님들도 자신들의 모습을 비춰볼 수 있는 좋은 기회로 감사해하면서 이 사역에 동참해주셨다. 그리고 우리 친척이 한 지리에 모여 예배를 드리게 되었는데 아버지가 예배를 인도하신 후 내가 이름 사역을 해드렸더니 신앙생활에 도전과 활력을 얻으시고 은혜를 많이 받으셨다.

어느 날 실로암 사역 센터에서 한양훈 목사님께서 나를 앞으로 불러내셔서 어떤 분의 영적 발바닥의 모습을 보라고 하셨다. 눈을 감고 주님께 여쭤봤더니 그 사람의 발바닥이 보였다. 그런데 신발바닥에 껌이 붙어 있는 사람, 신발에 구멍이 나 있는 사람이 있었다. 또 어떤 분은 신발 바닥에 강아지 똥이 묻어 있는 모습을 보여 주셨는데 그분은 실제로 강아지들을 키우고 계셨고 거기에 시간과 마음을 많이 빼앗겼다고 말씀하셨다.

어떤 분은 너덜너덜한 슬리퍼를 신고 있는 모습을 보여주셨고, 어떤 분은 맨발로, 또 다른 분은 빨간 구두를 신고 있는 모습을 보여주셨는데 영적 상태가 좋지 않다는 뜻으로 보여졌다. 그런데 어떤 분은 군화를 단단하게 신고 있는 모습을 보여주셨다. 그분이 영적으로 강하게 준비된 무장 상태를 알게 해주시는 모습이었다.

교회에서 사역하면서

가족 전체가 영안이 열린 후 우리 다섯 식구는 매일 밤 회개와 사역을 열심히 했는데 서로 영적 진단을 해주고 몸에서 세력도 뽑아주면서 주님의 사랑으로 하나 되고, 성령으로 충만해졌다.

예배도 정성을 다해 드리게 되었고, 찬양할 때에도 큰 목소리로 주님을 찬양하게 되었다. 예배드릴 때 주님이 계속 영안을 열어주셔서 천사들이 함께 기쁜 모습으로 나팔을 불고 악기로 주님을 찬양하는 모습을 보여주셨다.

그리고 예배 시간에 어떤 집사님께서 건축 헌금을 드렸는데 목사님께서 헌금을 위하여 기도하실 때 헌금 봉투가 하늘로 올라가는 모습을 보고 깜짝 놀랐다. 하나님이 받으신다는 의미였다. 그 모습을 보고 나는 정성된 헌금을 잘 드려야겠다고 다짐했다.

온 가족이 열심히 회개하던 중에, 교회 성도님들 가운데 시험에 들어 있는 분이 몇 분 계셨는데 그분들을 위해 기도할 때 악한 마귀가 그분들을 괴롭히고 있는 모습을 주님께서 환상으로 보여주셨다. 우리 가족은 악한 세력들을 예수님 이름으로 쫓아내고 떠나가라고 명령하였지만 잘 떠나지 않았다. 그분들이 회개를 하지 않아서 그런 것 같았다.

우리 가족은 실로암 센터에서 영안이 열린 사역자들을 훈련시킬 때 배운 전신갑주 진단에서 성령의 검을 갖고 있는 것을 보고 무기 사역을 해보기로 했다. 그 무기들은 철퇴, 도끼, 전기톱, 칼, 총, 돌멩이 등으로 종류가 다양했다. 크고 악한 세력을 내보내기 위해 주님께 철퇴를 달라고 하면 손에 철퇴를 주셨다. 실제로 그 세력을 향해 철퇴를 휘둘러 세력을 부수고 예수님의 이름으로 떠나가라고 큰 소리로 명령하면 그 세력들이 힘이 약해지고 떠나가는 일들이 많았다. 온 가족이 이런 방법으로 사택에 모여 교회 본당에 있는 세력들을 진단하고 내쫓는 사역도 열심히 하였다.

토요일 저녁이 되면 우리 온 식구는 아버지의 지도를 받아 교회 본당에 가서 구석구석 세력들을 청소하곤 했다. 교회는 점점 영적으로 깨끗해졌고, 성도님들이 말씀에 순종하려고 애쓰시면서 회개 기도문을 가지고 함께 기도생활을 하시게 되었다.

사역받기 원하는 성도님들은 주일 오후 예배 후에 한 분씩 차례대로 사역을 받았다. 매주 열 분 정도의 교회 성도님과 세 분 정도의 다른 교회 성도님이 회개 사역을 받으러 오셨다. 회개 사역을 받은 분 가운데 몇 분은 우리와 똑같이 영안이 열리는 은혜도 있었다.

영적으로 더욱 성장하며

나는 계속해서 실로암 본부 센터에서 회개와 사역을 더 열심히 했다. 그랬더니 영안도 더 크게 열렸고 주님의 은혜로 정말 신비로운 것들을 많이 보고 체험할 수 있었다. 크고 작은 일들을 모두 예수님께 여쭈어보고, 말씀대로 행동하며, 주님을 가까이 하는 사람으로 바뀌었다. 그리고 학교 친구들에게도 주님을 전하고 친구 여덟 명을 교회로 인도하였다.

회개 사역을 받았지만 그 후에도 나는 자주 죄에 걸려 넘어졌고, 아직도 주님의 자녀로서 많이 부족하며 부끄러운 죄인이지만 더욱 눈물로서 회개하고 기도로 악한 세상과 싸우며 주님의 나라를 준비하는 그리스도인이 될 것이다.

예배드릴 때 주님이 계속
영안을 열어주셔서 천사들이
함께 기쁜 모습으로 나팔을
불고, 악기로 주님을 찬양하는
모습들을 보여주셨다.

변화된 제 모습에 감사합니다

홍혜리(19세)
전주 주열방 센터 목사님 자녀이며
실로암 본부 센터에서 사역과 훈련을 받고
영안이 열린 고등학생

상처받은 내가 변하다

나는 중학교 2학년 때 영안이 열렸다. 내가 특별히 무엇을 해서는 아니고 목사님이신 어머니 때문에 영안이 열리게 되었다. 신실한 믿음을 갖고 계시던 어머니께서 우리 가족을 데리고 실로암으로 가지 않으셨더라면 지금의 나는 될 수 없었을 것이라고 생각한다. 지금의 내 모습이 어떻게 보면 그 전과 크게 달라지지 않았다고 볼 수도 있다. 하지만 영안이 열렸다는 것은 내 인생에서 보람

되게 살 수 있는 전환점으로서 충분한 것이었다고 생각한다.

영안이 열리기 전 나는 항상 부정적인 생각으로 가득 차 있어서 그런 생각과 행동이 내 앞을 가렸다. 그래서 한 발짝만 내디디면 갈 수 있고 얻을 수 있는 주님이 주신 수많은 기회를 항상 놓치고 말았다. 또 우울함으로 가득 찬 나는 내가 굳게 잠궈놓은 마음의 문을 누군가 열어주기만을 기다리고 있었다. 그런데 아무도 내게 다가와 이 문을 열어주는 사람이 없었다. 나는 주님을 원망했다. 내 삶은 왜 이렇게 답답하고 서럽고 외롭냐며 울면서 수없이 원망을 했다.

그리고 늘 거짓된 얼굴로 내 마음을 숨기며 살았다. 내 스스로 숨겨온 나를 누군가 찾으러 와주길 기다리며 세상 앞에서 나를 더욱 가두었다. 그렇게 살았으니 엄청난 상처들이 내 가슴을 짓눌렀다. 상처가 쌓이고 쌓여 엇나간 나 자신을 알지 못한 채 세상을 미워하고 주변 사람들을 미워하고 나를 미워했다. 그리고 내가 나 자신에게 상처를 주면서 살아왔다.

하지만 영안이 열리고 회개가 된 지금의 나는 항상 모든 것에 긍정적인 것은 아니지만 정말 많은 것들이 긍정적으로 변했다. 그리고 이미 놓쳐버린 기회를 잡을 수는 없지만 지금은 스스로 기회를 만들어가려 하고 눈앞에 있는 기회를 절대 놓치지 않으려 노력하고 있다. 또 우울함으로만 채워져 있던 내 머릿속이 이제는 기쁨과 행복을 찾고 구하게 되었다. 아직은 완전하지 못해 가끔은 흔들리고 갈피를 못 잡기도 하지만 많이 성장한 내 자신이 자랑스럽다.

내가 잠궈놓은 문이 이제 서서히 열리고 있다. 아직은 회개하고 빛으로 나아온 시간보다 어둠 속에 있던 시간이 더 많기 때문에 조금은 두려워 다 활짝 열어놓을 수는 없지만 그래도 이제는 누군가가 다가오기를 기다리지 않고 내가 찾아 나서고 있다. 나처럼 마음을 닫고 잠궈놓은 사람에게 나의 마음을 전하기 위해서이다.

지금 나는 매주 주님께 회개하고 있다. 원망하기만 했던 내 잘못들을 깨달았기 때문이다. 나에게 상처 주는 사람이 바로 나 자신이었다는 사실을 깨달은 후 주님께 정말 죄송한 마음이 들었고, 이제 변화된 모습을 보여줘야 한다고 스스로 다짐하게 되었다.

영안이 열린 후 일어난 일

지금까지는 영안이 열린 후 변화된 내 모습에 대해 이야기했다. 이제부터는 영안이 열린 후 나에게 그리고 내 주변에 일어난 일들과 내가 하고 있는 사역에 대해 이야기하려고 한다. 우선 나는 자신의 문제를 해결하기 위해 찾아온 사람들의 죄를 보고 그 내용을 가르쳐주고 있다. 또한 주님을 거스르는 일을 하는 사람들의 죄를 들추어내고 회개시킨다. 내가 아직은 고등학생이지만 어머니를 도와 열심히 하고 있다.

또 영안이 열려 천사도 보고 용도 보고 주님도 보았는데 그중 가장 기억에 남는 사역 훈련이 있다. 몇 년 전 실로암 수련회에 갔을 때 목사님께서 영적 계급인 검은 별 3개를 달고 있는 용을 불러주셔서 대화한 일이다. 그 정도면 그 지역에서 가장 강한 영이라고 하였다.

처음 용을 봤을 때 신기하기도 무섭기도 했다. 그 때 내가 했던 질문이 다 기억나지는 않지만 "너희 세력들은 계급이 낮은 것들끼리 뭉쳐서 계급이 높은 것과 싸우느냐?"고 물었던 것이 기억에 남는다. 그 때 용의 대답은 "계급 간의 규율은 절대적이어서 그렇지 않다"고 했는데 나는 충격을 받았다. 사실 '세력들은 나쁜 것들이니까 자기들끼리도 싸우고 다투고 하겠지'라고 생각했었기 때문이다. 그래서 나는 그 때 내가 아직 모르는 영적인 것들이 많다는 사실을 깨닫는 계기가 되었다. 이것 말고도 많은 에피소드가 있지만 가장 기억에 남은 일들만 적어보았다.

학교생활의 변화

이제 영안이 열린 후 주변에서 일어난 변화를 이야기하고 싶다. 먼저 학교생활의 변화이다. 영안이 열리기 전 내 학교생활은 한마디로 '잠'이었다. 등교와 동시에 잠이 들어 점심 때 한 번 일어난 후 5교시부터 하교 시간까지 잠을 잤다. 항상 잠으로만 나의 시간을 재우다보니 어느새 외톨이가 되어 있었다.

함께이던 친구들도 어느새 멀어졌다. 어쩌면 잠 때문이 아니라 내가 가지고 있던 세력들이 나를 외롭게 만든 건지도 모르겠다. 나는 소위 말하는 전따였다.

그러다보니 나는 더더욱 잠을 원했던 것 같다. 내가 혼자라는 사실을 인식하지 않으려고, 또 내 자신이 비참해지는 게 너무 싫어서 항상 정신을 몽롱하게 만들었던 것이다. 그래도 학원에서는 달랐다. 정말 열심히 하고 노력했다. 그래서 성적은 그리 나쁘지 않았다. 학교와 학원에서의 모습이 바뀐 조금 우스운 상황이었다.

이렇게 말도 안 되는 생활을 하던 나의 모습은 영안이 열린 후 180도 달라졌다고 장담할 수 있다. 수업 시간에 절대 자지 않으려 노력하고 있고 수업 태도도 정말 좋아졌다. 그래서 선생님들께서도 많이 칭찬해주시고 좋아해주셔서 더 학구열이 생겼다. 또 회개가 되었기 때문에 새롭게 변화된 내 모습에 친구들이 다시 생기기 시작했다.

내가 회개를 시작한 지 4년 정도 되었는데 정말로 회개가 되면 주변 사람들이 달라진다는 사실을 계속 느끼고 있다. 자세히 설명하자면 처음 회개가 된 후 생긴 친구들이 있는데 지금 생각해보면 정말 성품이 좋지 않은 아이들이었다. 서로를 욕하고 비난하고 폭력을 사용하고 무시하는 실망스러운 친구들이었다. 그때 나는 아직 회개가 덜 되어서 그런지 그런 애들을 이용한 것일 수도 있고, 아니면 혼자가 되는 것이 그냥 무서워서 그런 아이들 사이에서 1년을 지냈다. 그런데 주님께서 원하지 않으셨는지 친구들 사이에 불화가 일어나서 그 무리에서 나오게 되었다.

그 이후 새로 사귄 친구들은 좀 달랐다. 서로를 굉장히 아껴주고 세워주었다. 공부도 열심히 했다. 서로 간에 애착이 강해서 때로 약간의 트러블도 있었지만 지금은 서로를 아껴주는 친구가 되었다.

영안이 열린 후 많은 세력이 내게 붙는 것이 민감하게 느껴지기도 하지만 회개가 되면서 친구들도 세력이 적고 바른 마음가짐을 가진 친구들로 바뀌어 내 주변이 이렇게 변해가는 것을 보니 영안이 열리고 회개하는 일에 더 열정을 가지고 집중하게 되었다.

가정생활의 변화

우리 가족에게 생긴 변화는 여러 가지가 있는데 그중 가장 큰 변화는 서로 교류가 별로 없는 우리 가족 사이에 회개, 영안이라는 공통점으로 대화거리가 만들어지고 서로에게 장난도 치게 된 것이다. 처음 영안이 열리고 얼마 안 되어 가족이 함께 실로암 본부에서 집으로 돌아오고 있었는데 서로의 몸에 있는 세력들을 보면서 혈기 분노의 세력이 보이면 "여기 혈기 분노의 영" 하고 세력이 있는 곳을 꾹 누르면서 서로 건드리며 장난을 쳤다.

다른 사람들이 보면 서로 괴롭히는 것처럼 보였겠지만 우리는 굉장히 재미있었다. 가족이 함께 모여 크게 웃어본 기억이 거의 없는데 그 때는 정말 크게 웃고 떠들었던 것 같다. 다른 사람들이 보기엔 별 것 아닌 것처럼 보였겠지만 우리 가족에게는 장족의 발전이었다. 이런 식으로 서로 가깝지 않던 우리 가족이 더 가까워져서 이전에는 삭막하고 정도 없던 우리가 서로를 그리워하며 정겨워진 것 같다.

그리고 또 다른 변화는 서로에게 배려가 없고 냉정했던 우리 가족이 회개를 하고 영안이 열리면서 서로에게 짐이 되지 않으려고 더 생각해주고 용서해주며 서로의 죄를 보고 알게 되니 지금은 사소한 잘못은 장난으로 봐주는 이해심이 커졌다.

나는 이전에 성격이 사나워서 사소한 일에도 자주 화를 냈는데 요즘은 동생이 거짓말을 하면 "아, 거짓의 영 붙어, 거짓 지수 올라가는 것이 보여집니다"라고 하면서 부드럽게 넘기고 있다. 나로서는 정말 큰 변화이다. 내 마음에 들지 않으면 항상 동생에게 화내고 짜증내고 때렸던 나였기에 이것은 정말 개과천선인 것이다. 서로 냉담했던 우리 가족은 이렇게 풀어져갔다.

우리 가족에게 생긴 가장 큰 변화는 여유이다. 우리 가족은 자기 자신에게 여유를 주지 않고 스스로를 몰아붙이는 경향이 많다. 우리 가족의 가장 큰 문제점이었다. 그런 우리가 자기 자신과 서로에게 여유를 주면서 마음을 편히 갖게 되었다. 급박하게 자신을 몰랐을 때보다 내 자신이 이전보다 성장한 것 같다. 왜 이 사실을 늦게 알았는지 아쉬운 마음이 든다.

아무리 영안이 열려도 자기 자신이 변화되지 않는다면 그건 정말 인적 자원 낭비라는 생각이 든다. 다른 사람들은 갖지 못하는 그 귀중한 은혜를 받고서 썩히는 것과 같기 때문이다. 나는 아직 어리지만 이것 하나는 확실히 말할 수 있다. 내 인생의 전환점은 영안이 열린 시점이라는 것을.

나에게 상처 주는 사람이
바로 나였다는 사실을 깨달은
후 주님께 정말 죄송한 마음이
들었고, 이제 변화된 모습을
보여줘야 한다고 스스로
다짐하게 되었다.

3부
영안이 열린 목회자 자녀들

··· 대학·청년 ···

영적 천재들의 이야기

영의 세계,
그 무한한 영역

서한나(29세)
파주 반석 센터 목사님 자녀이며
실로암 본부 센터에서 사역과 훈련을 받고
영안이 열린 특수교육 교사

영안이 열리다

2007년이 끝나는 겨울, 내 인생을 바꿔놓은 일이 일어났다. 내가 영안이 열린 것이다. 그때는 영안이 열린다는 것이 무엇인지에 대한 지식조차 충분하지 않았다. 다만 회개함으로써 깨끗해지면 영적인 것을 볼 수 있다는 사실을 배운 것뿐이었다. 영안이 열리고나니 영의 세계에 무지했던 나는 일어난 모든 상황들이 믿기지 않았다. 내가 눈으로 보고 있는 것이 사실인지 의심이 먼저 들었다. 단지 나의 상상인 것은 아닐까 하는 생각이 들기도 했다.

영안이 열리는 훈련을 해주시는 사역자분들이 영적으로 보이는 것들을 말하라고 할 때 나는 무조건 '보이지 않는다. 모르겠다'고만 연발했다. 내가 보고 있는 것에 확신이 없었기 때문이다. 내가 배운 성경 지식과 지금까지 해온 성경공부로는 이런 신비한 경험은 예수님과 제자들에게나 일어났던 일이라고 생각해왔는데, 이렇게 직접적으로 그리고 현실적으로 내게 일어나리라고는 상상하지 못했다. 그러므로 믿어지지 않았다.

처음 영안이 열리고 내 앞에 누워있는 사람을 보았다. 그의 다리를 보았는데 분명 가만히 누워있는데도 그의 발이 움직이고 있는 모습이 계속 보였다. 이 상황을 사역자분께 말씀드리자 그 사람의 영적인 상태를 말해주는 것이라고 알려주셨다. 또 다시 보니 악한 영이 뱀이나 지렁이 모습으로 그 사람의 몸에 감겨 있기도 했고 그림으로 보이기도 했다. 참으로 신기한 일이었다. 내가 눈으로 이 모든 상황을 보고 있다니 믿기지 않는 일들의 연속이었다.

영안이 열린 후의 변화

영안이 열리고나니 내 모든 행동이 조심스러워지고 신중해졌다. 전에는 쉽게 말하고 행동했던 것들을 이젠 쉽게 할 수가 없었다. 혹시 나도 모르게 거짓을 말한 것은 없는지 생각해보게 되고, 의미 없이 한 말이나 쉽게 말한 것은 없는지 돌아보게 되었다. 작은 죄 하나하나 그냥 넘어가지 않기 위한 힘든 싸움이 시작되었다. 현재 내 안에는 수많은 악한 영이 들어와 있고, 이 악한 영들에게 공격을 받고 있으며, 이 악한 영들이 나의 앞길과 나의 삶을 얼마나 방해하고 있었는지 알게 된 후로는 어떤 작은 것도 결코 쉽게 행동하고 말할 수 없었다.

그리고 나는 하나님께 회개하기 시작했다. 회개를 통해 영안이 열렸지만 충분한 회개는 아니었던 것이다. 여기서 멈출 수 없었다. 진정한 회개는 영안이 열린 이후부터 본격적으로 시작하였다.

나는 내 안에 있는 수많은 죄와 싸워야 했다. 그것은 내 안에 있는 악한 영들과 싸우는 것과 같다. 아차 하는 순간에 죄를 지으면 다시 그 영을 내보내기 위해 회개해야 했다. 모든 죄를 담당하신 예수님을 믿음으로 그냥 죄가 없어지는 것이 아니라 그 믿음을 가지고 예수님께 내 죄를 모두 철저하게 고백해야 했다. 즉 토설해야 하는 것이었다. 어릴 때, 초등학교 때, 중학교 때, 고등학교 때, 대학교 때 생각나는 모든 죄를 내 입으로 주님께 고백하며 토설하기 시작했다.

내 죄를 주님께 말하는 것이 이렇게 고통스러운 일인지 몰랐다. 힘든 날의 연속이었다. 이렇게까지 해야 하나 싶기도 했고, 스스로 이 정도면 됐다고 잠시 만족하기도 했지만 하루에도 몇 번씩 내 마음은 죄와 싸워나가야 했다. 끝이 보이지 않는 싸움 같았지만 시간이 지나 어느 순간 뒤를 돌아보니, 내가 악과 싸워 온 순간들 그 하나하나의 발자국이 보였다. 주님의 발자국을 잘 따라가고 있는 나의 모습에 힘이 났다.

깊은 회개를 통해 회개하다보니 내 삶에 변화가 생겼다. 내 안에 나를 넘어뜨리는, 반복해서 죄를 짓게 하는 악한 영들을 회개함으로써 끊고 몸에서 내보내고나니 더 이상 그것들에게 내 마음이 끌리지 않았다. 세상에 있는 즐거움들, 유혹, 쾌락들이 더 이상 의미가 없어졌다. 내가 소중히 여겼던 세상 친구들과의 관계도 내 우선순위에서 조금씩 내려갔다. 세상에서 즐기던 것들이 생각조차 들지 않고, 내가 왜 그랬을까 하는 생각마저 들었다. 주님 생각과 깊은 회개로만 모든 관심이 쏠렸다. 내가 얼마나 더 깨끗해졌는지, 잘하고 있는지, 영안이 더 깊이 잘 열리는지에만 관심을 갖게 되었다. 왜 이제야 영안이 열렸는지 안타깝고 후회하는 마음이 들었지만, 지금이라도 열어주신 것에 정말 감사했다.

친구들은 처음에 내가 신비주의에 빠진 줄 알고 많이 걱정했다고 했다. 하긴 몇 달 동안 아무 연락도 없이 잠수를 타고 나온 내가 갑자기 나타나 악한 영이 우리 안에 있으며 회개해야 한다고 강조하니 얼마나 놀랐겠는가. 악한 영에 대한 이야기와 천사가 정말 존재한다는 사실을 이야기하니 내가 생각해도 친구들이 황당했을 것 같다. 하지만 그 후로도 악한 영과 영적 세계의 원리에 대한 나의 설명을 듣고 내 삶이 변한 것을 보며 친구들도 이해하게 되었고, 회개의 중요성에 대하여 알게 되었다. 참으로 감사했다.

영안이 열린 나의 삶은 전과는 확실히 달랐다. 아니 다를 수밖에 없었다. 어떤 결정을 할 때에도 주님께 여쭤보며 결정을 했고 삶의 목표도 확실해졌다. 물론 시행착오도 겪었다. 내가 그동안 주님의 일하심에 대해 무지하여 잘못 알았던 사실을 영안이 열린 후에도 반복함으로써 쓴맛을 보기도 했다. 임용을 준비하며 주님께 묻고 열심히 준비했다. 하지만 결과는 좋지 않았다. 왜 주님께서 하라고 하시는 대로 했는데 결과가 좋지 않은 것인지 실망하고 회의감도 들었다. 하지만 주님은 내가 여쭤본 두 길에 대해서 선택해주신 것뿐이지 그 두 길만 제시해주신 것이 아니었다.

내가 무지해서 주님의 성품을 왜곡하며 살아왔는데, 주님은 하나하나 당신이 어떤 분이신지 알려주시고 깨닫게 해주셨다. 내 필요에 의해 하나님께 도움을 받고 나도 하나님께 봉사하고 하는 이런 차원이 아니었다. 이제 더 이상 주님은 내 인생의 일부분이 아닌 모든 것이 되어가셨다.

내가 유익한 일을 선택하는 순간에만 주님을 붙잡는 것이 아닌 날마다 주님과 동행하는 방법을 배우기 시작했다. 하루를 시작하며 주님을 찾고, 주님을 생각하고, 주님과 대화하기에 힘쓰고, 잊고 살 때면 다시 깨닫고 주님을 찾는 것, 이것이 내 인생에 가장 큰 축복이다. 주님이 보고 계신 것을 보고자 노력했으며 내 뜻을 주장하기보다는 주님의 뜻을 알아가기에 힘썼다. 주님은 나를 더 기도하게 하셨고 주님을 더 알아가도록 도우셨다.

예전에는 성경을 읽어도 까만 것이 잉크요 흰색은 종이구나 하는 느낌이었는데, 영안이 열리고 성경을 읽으니 그 말씀들이 모두 나를 향해 주님이 주시는 말씀이었다. 깨달음이 생기고 성령님께서 감동을 주셨다. 참 놀라웠다. 성경이 깨달아지니 감동이 생기고, 성경이 내 삶에서 역사하시는 진정한 삶이 되기 시작했다. 주님의 은혜가 아니고서는 불가능한 일이었다.

영안으로 본 것들

영안이 열리고 나는 내 안의 상처들을 볼 수 있게 되었다. 뿐만 아니라 치유가 일어나기 시작했다. 태아기 때 받은 상처도, 어릴 때 받은 상처도, 내가 몰랐던 상처도 모두 드러나기 시작했다. 그 상처로 인해 다른 상처도 함께 유발된 것이었는데, 그 본질적인 상처가 회복되고나니 더 이상 그 상처로 인해 힘들어하지 않게 되었다. 상처의 치유는 내가 그때로 돌아가 그때의 잘못된 감정에 대해 주님께 용서를 구하는 것이고, 그러면 그때 들어온 악한 영이 떠나는 것이다. 악한 영이 떠나면 그 상처가 아물게 된다.

이제는 상처가 있는 사람들이 내 눈에 들어오고 그들에게 관심을 갖게 되었다. 그리고 전과 다른 좀 더 깊은 것을 보게 되었다. 그 사람들을 위해 기도할 때 각자의 다양한 모습이 보이기 시작했다. 누군가를 위해 기도하는데 마음에 꽉 닫힌 문의 모습이 보였다.

나는 이것이 마음의 문이라는 것을 직감적으로 알게 되었다. 왜 이렇게 마음의 문이 꽉 닫혀있는지 보게 되었는데 악한 영이 문의 빗장을 풀지 못하게 묶고 있는 것이 보였다.

어떤 영들이 묶여있는지 자세히 보고 있으니 우울의 영, 혈기분노의 영, 용서하지 못하게 하는 영들이 묶고 있는 것을 보았다. 그 자매에게 마음의 문이 닫혀있는데 그 문을 묶고 있는 영이 있다고 말해주었다. 자매는 이 말을 듣고 받아들이기는 했지만 도저히 용서가 안 된다며 분을 참지 못했다. 용서하기로 결심해야 하고 그래야 혈기분노를 부렸던 것과 우울해했던 것들을 회개하여 악한 영을 내보낼 수 있는데 안타까운 마음이 들었다. 이 영들이 풀려야 주님께로 마음의 문을 활짝 열 수 있고 나아갈 수 있다고 알려주었다.

또 다른 자매를 위해 기도하는데 마음이 콘크리트 바닥처럼 딱딱하게 굳어있는 것이 보였다. 수많은 상처로 인해 이미 굳어버린 마음이었다. 너무 단단하게 굳어버려 주님의 만지심만이 필요하다고 간절히 기도할 수밖에 없었다.

이처럼 여러 사람을 만날 때마다 주님이 그들의 상처나 묶여 있는 것들을 보여주셨고, 그들에게 말씀해주시려 하는 것들을 알려주시기도 했다. 이런 일들로 악한 영에서 자유하게 되고 많은 위로와 힘을 얻는 사람들이 생겨났다. 회복되어가는 사람들을 보며 주님께 더욱 감사했다. 그러면서 나도 더 깨끗해지고 거룩하고 순결하게 살아야겠다는 거룩한 부담감을 갖게 되었다.

나는 이제 영의 세계를 조금 맛보게 되었는데 여기서 만족하지 않고 그 무한한 영역을 마음껏 누려보고 싶다. 사모함을 가지고 더욱 도전할 것이다. 그리고 주님이 오실 그날까지 이 순수성을 잃지 않도록 항상 깨어 기도와 말씀으로 무장하는 삶을 살아야겠다. 지금까지 인도하신 나의 모든 삶은 오직 주님의 은혜이다. 주님만 홀로 영광 받아주세요!

이제 영의 세계를
조금 맛보고 있는데
여기서 만족하지 않고
그 무한한 영역을
마음껏 누려보고 싶다

영적 천재들의 이야기

영의 눈으로 천국을 봅니다

정바울(21세)
부천 센터 목사님의 자녀로
실로암 본부 센터에서 사역과 훈련을 받고
영안이 열린 대학생

영안이 열리기 전과 후

영안이 열리기 전에 나는 여느 또래와 다를 바 없이 게임이 너무 좋았고 텔레비전이 너무 재미있었다. 그런데 영안이 열리고난 후에는 게임을 해도 별 마음이 없었고, 하고 싶다는 생각도 거의 들지 않았다. 또 주변에는 텔레비전에 빠져서 일일이 다 챙겨보는 친구들이 대부분이었는데 난 어떤 것도 즐겨 보지 않았다.

척도를 잴 수는 없지만 집중력이 향상되어 공부든 일이든 집중하기가 한결 수월해졌다. 몸을 가만히 있지 못하고 잡생각에 사로잡혀있던 예전과는 대조된다. 그리고 지금은 영화, 게임, 유흥 등 어떤 것에도 내 마음이 끌리지 않는데, 유독 찬양에만 내 마음이 강하게 끌린다.

집안의 변화

목사님이신 아버지께서는 굉장히 분노를 잘 내는 분이셨다. 그래서 아버지 앞에서 항상 기가 죽어 살았는데 아버지가 회개하시고 영안이 열리신 뒤에는 분노로 차 있던 눈이 온화한 눈빛으로 변하셨다. 그리고 정말 큰일이 아닌 이상 언성을 높이시는 일이 없다. 그리고 형은 소심해서 다른 사람들과 어울리지 못하고 가족에게만 기댔었는데 이젠 활동적인 사람이 되어 주변 사람들에게 먼저 손을 내미는 사람이 되었다.

영안이 열리고 회개하면서 우리 가족뿐만 아니라 친척들까지 분위기가 바뀌었다. 아버지 쪽 형제들은 서로 사이가 좋지 않아 명절 때만 형식적인 만남을 이어왔었는데 형제들의 우애가 좋아지고 모임의 분위기도 한층 밝아졌다.

이것은 우리 한 가족이 먼저 회개하자 이루어진 일이다. 더 많은 가정이 회개하게 되면 영적 분위기는 180도 달라질 것이라고 생각한다.

영 분별 훈련

어느 날 실로암 센터에 사역을 받으러 가서 사역받는 다른 사람을 보았는데 누워있던 그의 몸이 위로 들리고 그의 입을 통하여 사탄이 말을 해서 무서운 적도 있었다. 또한 회개가 끝나고 영안이 열리면 무엇이 보인다는 건지 궁금했다. 사탄이 어떻게 보일까, 천사는 어떻게 생겼을까 궁금하여 보고 싶은 마음이 가장 컸다. 영안이 열린 뒤 가장 먼저 본 것은 어떤 사모님의 손이었는데 손은 그대로 있었지만 영안을 열어 보니 사모님이 손을 쥐었다 폈다 하는 행동을 반복했다. 그리고 그 손바닥에 있는 검은 물체를 보았는데, 이것이 내가 처음으로 세력을 본 것이었다.

영안이 열린 후 안 것은 세상이 온통 뱀 밭이라는 것이었다. 집의 거실에도 뱀들이 즐비하게 기어 다녔고, 심지어 내게는 그 뱀이 기어가는 소리까지 들렸다. 또 눈을 뜨고 있으면 옆에서 세력들이 얼굴을 빼는 것이 보였고, 처음에는 도둑이 들었나 하고 깜짝 놀랄 정도로 사람 머리만 한 세력이 벽에서 튀어나와 나를 쳐다보기도 했다. 나중에는 익숙해져 놀라지 않게 되었다.

찬양을 할 때면 천사들의 소리가 내 귀에 들렸고, 잠을 자려고 누우면 악한 영들이 잠을 잘 수 없게 내 몸을 건드리고 괴롭혔다. 예전에는 기도를 한 후 막연히 응답을 기다렸다면, 영안이 열린 뒤에는 영의 세계에서 바로 응답하시는 하나님의 응답을 볼 수 있다. 영안이 열리고서는 천국도 쉽게 볼 수 있었고 꿈을 통해서도 하나님이 천국을 보여주셨다.

사역

사역을 직접 해보면서 알게 된 내용은 사탄은 우리가 그들의 정체를 보고 알아채기 전까지는 아무리 사역자가 소리치고 불러도 몸에서 드러나지 않는다는 것이었다. 하지만 영안을 열어서 사탄, 즉 세력을 보고 부르면 사탄은 힘을 쓸 수 없었다. 나는 사역을 한 기간이 약 3년 정도 된다. 그래서 많은 사람들을 사역해보았고 그들에게 있는 악한 영들을 보았다. 다 기억하지 못하지만 기억에 남는 것들을 이야기해보려 한다.

1. 둘째 큰어머니 사역

둘째 큰어머니는 오랫동안 알코올에 의존하고 살아오셨다. 또 술에 취하면 귀신과 대화하고 어울리면서 귀신과 놀러나가실 정도로 정말 심각한 상태였다. 그럴 때마다 둘째 큰아버지는 목사이신 우리 아버지를 부르셨고 그러면 우리 가족이 다 같이 가곤 했다. 그때는 가서 설교하고 기도하고 오는 게 전부였을 뿐 어떤 치료의 능력도 발휘할 수 없었다. 우리가 자주 방문했음에도 둘째 큰어머니의 증상은 나아지는 게 없었다.

그런데 영안이 열리고서는 완전히 달랐다. 영안으로 보면서 사역을 할 수 있었다. 우리는 둘째 큰어머니에게 잠시 누우시라고 하고는 그 몸을 자세히 살펴보았는데 알코올의 영이 식도를 꽉 잡고 있었다. 술을 마셨을 때 들어왔고 또 그 영이 술을 마시도록 조종하고 있었다. 그래서 알코올의 영을 예수 그리스도의 이름으로 불러냈더니 몸이 심하게 떨리면서 악한 영들이 목에서 드러났다.

우리가 예수님의 이름으로 불러내어 악한 영들을 목에서 나가게 하려 했지만 둘째 큰어머니가 사역을 거부하셔서 **빼내지** 못했다. 본인이 거절하면 영은 나가지 않는다. 하지만 이 일을 통해 영안의 중요성과 밝히 보는 것의 중요성을 알 수 있었다.

보는 것과 보지 못하는 것은 엄청난 차이라는 것을.

2. 세력이 드러나는 청년

스무 살인 한 청년이 있었는데 우리가 사역을 할 때마다 그의 몸에 있던 세력이 드러나서 입으로 이상한 말을 하고 눈을 비정상적으로 굴리며 우리를 쳐다보았다. 몸에 있는 큰 세력은 괴상한 소리를 내면서 우리의 말도 잘 듣지 않았고 오히려 우리에게 큰 소리를 쳤다. 정말이지 보통 사람들에게는 이해할 수 없는 현상들이었다. 결국 그 영들을 다 뽑아냈고, 사탄의 모습과 속성에 대해 잘 알 수 있었다.

3. 일찍 아들을 떠나보낸 집사님

한 중년의 집사님이 사역을 받으시다가 아들에 관한 이야기가 나왔고 아들은 물놀이를 갔다가 사고로 죽었다고 했다. 그래서 아들이 천국에 갔는지 지옥에 갔는지 궁금하다고 했다. 나는 영안을 열고 보게 되었는데 아들은 지옥에서 고통을 받고 있었다. 나는 이 가슴 아픈 사실을 본 대로 솔직히 말씀드렸다. 집사님이 큰 울음을 터뜨리시며 너무 마음 아파하시는 모습을 보면서 지옥에 가는 것은 자신에게뿐 아니라 가족을 비롯한 주변 사람에게도 너무 마음 아픈 일이 된다는 사실을 깨달았다.

세상을 멀리하다

영안이 열리고나서는 세력이 몸에 붙지 않도록 나를 잘 관리하고 또 계속해서 악한 세력들이 내게 있는지 볼 수밖에 없었다. 그래서 부모님도 내가 밖에서 사람들을 만나고 오는 것을 좋아하지 않으셨다. 친구들과 대화라도 하고 오면 온 몸이 만신창이가 되고 피곤에 찌들고 영적으로 예민해져서 사람들이 많은 장소는 너무 힘들었다. 심지어 집에만 있어도 가족들의 세력 때문에 서로 힘들었고, 친척들을 만나기도 힘들었다. 그래서 사회에서 일을 하면서 사람들을 대할 때 마음을 열 수가 없었고, 영적으로 예민한 것 때문에 사람을 보기만 해도 그 사람의 영이 느껴져 초반에는 힘이 들었다.

회개의 중요성

나는 실로암 사역을 만나기 전에 조상의 죄를 회개한다는 것에 대해 아무런 마음이 없었고 그렇게 해야 한다는 생각조차 못했다.

하지만 이제는 그 중요성에 대해 너무나 잘 알게 되었고, 주변에 모르는 친구들에게 알려주고 싶은 마음이 아주 크다. 그만큼 회개와 영안이 열린 것이 값지고 이 세대가 회개해야만 하는 세대임을 알기에, 그리고 회개를 통해 얻는 영적인 복을 알기에 회개에 대해 알지 못하는 사람들이 참으로 안타깝다. 그런 점에서 나는 하나님께 선택된 소수라는 사실이 너무 감사하고, 내가 하는 사역을 통해 사람들이 변하고 회개하게 하심에 감사드린다.

내가 하나님께 받은 선물, 아니 그보다 더한 은혜를 다른 사람들이 많이 받았으면 좋겠다. 정말 하나님의 정예부대로 사탄과 세상에 대적하여 싸울 수 있는 영적 군사로 세워졌으면 좋겠다. 그리고 앞으로 더 많은 사람이 회개하고 영안이 열렸으면 좋겠다. 내가 영안이 열린 후 받은 은혜와 경험한 변화들 때문에 많은 사람들에게 이것을 소개해주고 싶지만 그들이 쉽게 받아들일 수 있는 부분이 아니라는 점이 아쉽기만 하다.

영안이 열리자 천국도
쉽게 볼 수 있었고
하나님이 꿈을 통해서
천국을 보여주셨다.

십자가를 세웁니다

윤요셉(23세, 가명)
수원 더 좋은 치유 센터 목사님의 자녀로
실로암 본부 센터에서 사역과 훈련을 받고
영안이 열린 청년

영안이 열리기 전과 후의 변화

나는 회개하기 전, 즉 영안이 열리기 전에는 죄에 대한 명확한 기준과 개념이 없었고, 그냥 막연하게 주님께서 나를 대신해 십자가에 못 박혀 대속해주셨기 때문에 죄를 함부로 짓지는 말아야겠다고 생각했다. 하지만 어느 정도 사소한 죄들은 죄짓고 회개하면 된다고 생각하면서 그렇게 행동하며 부담 없이 살았다.

하지만 죄를 회개한 후에는 장난으로 친구들과 운세점이나 연애점을 친 것조차도 죄라는 사실을 알고 이것이 얼마나 큰 죄인지도 알게 되었다. 또 영안이 열린 후에는 막연하게만 생각하던 천국이 실제하고 있고, 우리가 이 땅에서 겪는 일들에는 악한 영(사탄)이 작용한다는 사실도 깨닫게 되었다. 회개를 하면 할수록 우리가 미처 생각지도 못한 사소한 일조차도 악한 영들의 공격을 받고 있다는 사실을 알게 되었다.

또 영안이 열리고나서는 생각과 행동의 변화가 조금씩 나타나기 시작했다. 그 전에는 술과 담배를 하지는 않았지만 친구들을 만나 이야기하며 수다 떨기를 좋아했었다. 어른들이 좋지 않은 곳이라고 하여 가지 못하게 했지만 정확한 이유 없이 막연하게 가지 말라고만 하셔서 '내가 괜찮으면 되지'라는 생각으로 몇 번 같이 갔었다. 하지만 그곳도 악한 영들의 지배를 받고 있다는 사실을 알게 되었고, 갔다만 오면 얼굴이 간지럽고 무언가 말로 설명할 수 없는 것을 느끼게 되었다.

또 회개하기 전에는 밤새 PC방에 가서 놀아도 아픈 곳이 아무데도 없었다. 그런데 회개하고 난 후에는 PC방만 갔다오면 기관지가 심하게 부어오르고 아파오는 것을 체험하였다. 그리고 영적으로 무지했을 때는 친구와 마냥 부둥켜안고 거리를 돌아다녔고, 대중교통을 이용할 때도 더러운 곳이든 냄새나는 곳이든 어디든지 아무 생각 없이 다녔다.

하지만 회개한 후, 즉 영안이 열리고나서는 내 머리 속과 입에서 중얼거림이 항상 함께하기 시작했다. 바로 '십자가를 세운다'라는 말이었다. 주님의 보혈이 덮인 십자가를 내 몸 구석구석에 세우면 그냥 다니는 것보다는 악한 영의 공격이 그나마 덜하다는 사실을 알게 되어 내 입에 그 말이 항상 붙게 되었고 그 의미를 생각하게 되었다.

그리고 가끔씩 사람들의 눈을 피해 마치 머리카락을 떼어내는 척하며 내 몸에 붙은 악한 영들을 떼어내기도 하였다. 작은 악한 영은 머리털과 비슷하게 생겼기 때문이다. 특히나 나는 눈에 공격을 많이 받는다는 사실을 더 느끼고 알게 되었다.

회개를 시작하다

처음에는 어머니가 회개하시고, 몇 개월 뒤에 내가, 또 몇 개월 뒤에 아버지와 동생이 회개를 시작하였다. 그렇게 온가족이 다 같이 회개한 지 6개월이 되었다. 열심히 하지는 못했지만 '회개 기도문'을 가지고 회개하는 건 이제 나와 어머니뿐이다.

아버지도 회개하면서 정말 여러 가지 일들을 체험하셨다고 한다. 하지만 어느 순간부터 바쁘시다는 이유로 하지 않고 계시고, 동생은 회피하고 있다. 교회에서 성도들과 단체로 할 때만 하신다. 그래도 완전히 거부감을 가지신 건 아니라서 감사하게 생각한다.

어머니가 우스갯소리로 하신 말씀이 있다. 주님 안에서 회개한 나와 어머니는 회개하지 않고 세상에 나가서 열심히 일하는 아버지와 동생이 버는 것으로 편히 집에서 그 물질의 복을 누린다고. 그 말씀을 하는 순간 '아! 이거구나' 싶었다. 주님 안에서 올바르게 기도하고 회개만 하면 하나님의 일을 하면서 이렇게 쉽고 편하게 누릴 수 있다는 것을. 또 아버지와 동생도 회개를 계속했다면 그래도 조금이나마 덜 힘들게 직장생활을 하지 않았을까 하는 생각이 든다.

하지만 이런 식으로 부당한 이익을 얻으려는 것은 아니다. 중요한 건 우리가 회개할 때 마음을 다해 진실하게 회개하고 죄를 떨쳐내려 노력하는 것이지 이것을 통해 목회를 잘하는 등의 일들은 일단 자기 자신이 회복된 후에 할 일이라고 생각한다. 하지만 나조차도 회개에 더 집중하고 투자하고 시간을 할애하기를 힘들어한다. 아직은 갈 길이 멀어 보인다.

교회의 변화

어머니가 초기에 회개에 불이 붙어 있으실 때였다. 이 시기에는 어머니가 목사이신 우리 교회에 성도들이 차츰차츰 늘어났다. 하지만 어머니가 설교 시간에 회개를 외치시고 집중하시는 모습에 대해 교회 주변 사람들에게는 좋지 않은 소문이 퍼지기 시작하였다. 그때 나는 '이 좋은 회개를 하라고 하니까 이미 그 성도들 속에 있는 악한 영들이 알고는 선수를 치고 그들의 마음을 흔들기 시작한 것이구나' 하는 것을 깨달았다.

결국 성도들은 많이 떠났고 회개의 복을 체험하신 아주 소수의 성도들만 남아계신다. 교회도 잠시 회개를 주춤하였지만 다시 정신과 마음을 다잡고 시간을 늘려가며 회개하는 중이다.

학교생활의 변화

영안이 열린 후 나의 대학 생활에 확연한 변화가 생겼다. 내 주변 친구들은 여자, 술, 담배, 나이트클럽(이게 기독교 대학의 모습이다) 등 세상 사람들이 갈 만한 곳을 좋아한다. 친구들이 그런

곳에 가자고 했을 때 한두 번 따라가보았다. 하지만 회개하기 전에도 나는 별 흥미를 느끼지는 못했었다. 친구들이 권유하면 거절하지 못하고 같이 가 앉아있기만 했다.

하지만 회개하고 영안이 열린 나에게는 확신과 결단이 생겼다. 친구들이 가자고 해도 나는 이제 단박에 거부한다. 그리고 거기에서 좀 더 나아가 친구들이 그런 곳에 가서 노는 것을 최대한 줄이고 끊게 만들었다. 가끔씩은 내가 친구들을 향해 너희들이 기독교인이 맞는지 한번 생각해보라고도 하였다. 몇몇 친구와는 아예 절교를 하였다.

나는 초등학교, 중학교, 고등학교 친구들과는 연락도 하지 않는다. 연락처를 아는 친구들도 있지만 내가 먼저 연락하고 안부를 물은 적은 없다. 또 친구들에게 술자리를 갖게 될 것 같으면 아예 연락하지 말라고 하였다. 그래서 그런지 이제는 연락이 없다. 이런 상황이면 외롭고 쓸쓸할 것 같지만 전혀 그렇지 않다. 그래서 내 주변에는 내 말을 듣고 자신을 조금이라도 바꾸고 싶어 하는 친구들 또는 주님의 마음을 갈망하며 주님 안에서 살려는 친구들만 남아있다. 물론 아직도 내 주변에는 더 걸러내야 할 선후배와 친구들도 있다.

비전의 변화

미래에 대한 나의 꿈은 7살 때부터 목회자였고 변화는 없었다. 그동안 막연히 기도하면서 '되겠지, 주님이 하시겠지'라는 안일한 생각을 가졌었다. 하지만 회개하고 영안이 열린 후에는 내가 이 땅에 보내진 소명을 비롯해 좀 더 구체적인 것을 알게 하시고, 보게 하시며, 점차 더 구체적인 것을 구하라는 주님의 음성을 듣게 되었다.

영 분별 훈련

첫 훈련을 받을 때 영 분별의 과정이 있었다. 내 영의 상태와 몸을 묶고 있는 영들과 미신성향을 회개하고 또 깊은 회개를 하였다. 그리고 한 목사님과 박 사모님의 주도로 임파테이션, 영안 열리기 훈련에 진입하였다.

훈련 내용과 순서는 자세히 기억이 나지는 않지만 생각나는 일들은 이렇다. 나와 주님의 관계, 주님의 길을 잘 따라가는가, 영적 마트에서의 계산, 교회와 천국 가는 길 보기, 주님이 교회의 어디에 계시는가, 마음의 그릇 보기, 전신갑주 보기, 또 나와 동행하는 천군천사 보기와 말씀을 받았다. 훈련이 다 끝나 졸업

할 때에는 이 땅에 보내진 속사람의 나이와 소명, 사명 그리고 천국에서의 보좌자리와 천국에서 받을 면류관 등을 보여주셨다.

지금은 실로암 센터 모임과 또 영안이 열린 사람들의 수련회에 참석하고 있다. 영안이 열린 후 목사님과 다른 사람들과 함께 산에 올라가 성황당에 있는 영들과 세력을 보기도 하고 또 주님의 형상을 보기도 하였다. 또 그 세력들은 우리가 물어보면 대답도 했다.

한 목사님께서 천사장을 대신 불러주셔서 우리가 궁금한 것을 묻고 대답을 듣기도 하였다. 또 어느 한 지역을 정해서 그 지역을 묶고 있는 세력들을 보고 그리기도 하였다.

또 주님과 나의 복의 통로 등을 보았고, 나와 주님과의 관계에서는 주님과 바르게 가고 있는지, 내가 주님보다 앞서가고 있지는 않은지, 또는 다른 짓을 하고 있지는 않은지를 보았다.

뿐만 아니라 주님의 말씀을 전하는 나팔 모양 등을 보았다. 주님의 길을 내가 뒤에서 잘 따라가고 있는지도 보았다. 또 내 심령 그릇의 크기와 재질, 어딘가 깨지지는 않았는지 등을 보았다. 수호천사를 보는 훈련에서는 수호천사들의 성격이 수호하고 있는 사람의 성향을 많이 닮았다는 것도 주님께서 보여주셨다.

느낀 점

내가 회개하고 영안이 열린 후 느낀 점을 종합적으로 말하자면 회개하면 일단 몸이 가볍다는 것이다(다른 사람들의 체험과 느낀 점은 내 것이 아니기에 내가 느낀 점만 쓰겠다). 또한 막연한 신앙에서 실질적 신앙으로 바뀌었다. 영안이 열리는 것은 하나님이 회개를 통해 주시는 작은 일부분이라 생각된다.

내가 늘 꿈꿔왔던 영적인 세계를 보고 느끼게 하신 주님께 감사드린다. 하지만 여기서 멈추지 않고 주님을 더욱 깊이 만나기를 소망하면서 항상 기대하고 준비하고 있다. 또 인생의 시간이 많이 지나기 전 이렇게 젊을 때 회개하게 하셔서 감사드린다.

회개한 후, 즉 영안이 열린 후
내 머릿속과 입에서는
중얼거림이 항상 함께했다.
바로 '십자가를 세운다'는
말이다.

영적
천재들이
이야기

그리스도의
군사 되어

김승찬(21세)
실로암 센터에서 사역과 훈련을 받고
영안이 열린 청년

주님을 만나고 싶다

감사하게도 하나님을 믿는 가정에서 태어나 어려서부터 주님을 예배할 수 있었다. 주님을 예배한다는 것과 주님의 말씀을 듣고 배우는 것은 부모님이 내게 하시는 가장 큰 교육이었고 나는 그것을 당연하게 받아들였다. 그런데 고등학교에 들어오고 난 후 어느 순간 내게 너무도 당연했던 하나님에 대해 '정말 계신 분이고 살아계신 분일까?'라는 의심이 일어나 질문을 던지게 되었다.

그동안 하나님을 내 마음을 다해 찬양하고 예배하기보다는 교회 선생님 한 분을 짝사랑하기도 하였고, 그저 사람들과 교제하는 것이 즐거워서 교회에 다녔던 나였기 때문이다. 하나님은 내 주변 사람들보다 우선순위가 아래였던 것이다.

그리고 내게는 또 다른 질문이 들었다. '내가 사람들이 좋아서 교회에 나가는 것인가, 하나님 때문에 교회에 나가는 것인가?' 하는 것이었다. 나는 더 깊은 하나님과의 만남과 교제를 원했다. 하나님께 찾아가서 그분을 깊이 만나고 싶었다. 그래서 기도했다. '하나님 정말 살아 계신가요? 저는 하나님이 어렵고 약간 어색합니다. 살아계신 하나님, 저와 더 깊이 만나주세요'라는 기도를 드렸다.

그렇게 한 달 두 달이 지난 어느 날 하나님은 내게 방언의 은사를 주셔서 내 연약한 믿음에 응답해주셨다. 방언의 은사를 받고나서야 '하나님이 살아계시는구나'라고 믿게 되었다.

방언의 은사를 받았지만 그것으로 영적인 갈급함이 해소되지는 않았다. 아직도 하나님과 나와의 관계는 그렇게 가까운 것이 아니었다. 주님은 정말 살아계시는가에 대한 의문이 있었지만 정말 내가 원하고 찾는 것은 하나님과의 더 깊은 교제였기 때문에 답답했다. 그렇지 않아도 공부 때문에 답답하고 고민이 많았는데 하나님에 대한 답답함이 더해져 괴로웠다.

회개를 시작하다

이러한 생각들을 가지고 고등학교 생활을 하고 있던 내게 담임목사님이 선뜻 우상숭배 기도문을 주셨고 이것을 읽으면서 회개하라고 하셨다. 또한 나에게 있는 영 진단을 해주시고 설명을 해주셨다. 그 진단은 정말 나의 모습 그대로였고, 내가 지은 죄와 나의 단점을 너무나도 정확하게 집어내고 있었다. 죄를 짓고도 회개할 줄 모르던 내게 영 진단은 나의 모습을 거울과 같이 말해주고 있었다.

그것을 보는 순간 깊은 회의감이 들었다. '아 내가 이렇지' 하면서. 그동안 내가 옳다고 생각했던 것들이 잘못된 것이었음을 알게 되었다. 내가 이렇기 때문에 부모님이 내게 권면을 해주셨었고, 친구들과의 사이에 불편한 문제가 있었으며, 내 생활에 문제가 많았었음을 느끼게 되었다.

나는 깊이 회개했다. 내가 성경 말씀과 하나님의 말씀과 나의 모습을 비교했을 때 잘못했던 것이 사실이고, 하나님과 나 사이에 죄라는 벽이 가로막고 있다는 결론을 내리게 되었다. 내가 가지고 있던 답답함이 죄 때문이라는 사실을 알게 된 것이다. 나는 이것을 회개하여 하나님께 용서받고 그리스도의 향기를 내는 사람이 되어야겠다고 다짐했다. 정결하신 하나님과 내가 가까워지려면 나도 정결해야겠다는 생각이 들었다.

영안이 열리면서 일어난 변화

회개를 하고 영안이 열려가면서 하나님과 나 사이를 막고 있던 벽이 조금씩 깎이고 전보다는 얇아졌다는 느낌이 들었다. 회개 기도를 해나가면서 보다 더 깊이 기도할 수 있었고, 하나님에 대해 가졌던 답답함이 많이 시원해졌다. 나는 영안이 열린 후 하나님을 더 사랑하고 경외하고 의지하게 되었다.

영안이 열리기 전 회개하기 전의 나는 혈기로 인한 문제가 많았다. 좋게 해결해보려 하고 좋게 이야기하기보다 속으로 참고 참다 어느 순간 화를 내는 것 때문에 친구들과 형들, 부모님께 상처와 고민을 안겨주었다. 그래서 회개하면서 특히 혈기에 대해 애를 많이 써야 했다.

회개한 이후 여전히 부족한 것이 많았지만 내게 조금은 변화가 있었는지 친구들과 형제들과의 관계가 좋아졌고, 특별히 교회 개척을 10년 동안 하시다가 목회를 그만두시고 다른 직업을 가지신 어머니가 어느 날 내가 다니고 있는 교회에 나오셨고 함께 회개하시게 되었다.

그 후 우리 가정은 아직 주님 앞에 올바로 서기에는 멀었지만 회개함으로써 예전보다는 서로를 더 사랑하고 화목한 가정이 되어가고 있다.

회개하면서 영안이 열리는 것도 있지만 회복하시고 채워주시고 축복하시는 하나님을 볼 수 있었다. 하지만 어머니가 지금도 열심을 다하여 회개를 하고 계신 것은 아니다. 일 때문에 지치신 것도 있지만 이 정도 회개를 했으면 웬만큼 되었다는 생각을 가지신 것 같다. 상대적으로 회개를 잘 하지 않을 때 하나님이 회복하시고 축복하시는 역사는 잘 일어나지 않는 것 같다.

어머니가 지금은 가정경제를 위해 돈 버는 것에 힘을 쓰고 계셔서 조금은 마음의 여유가 없으시다. 다시 목회를 하시고 싶은 마음은 있지만 목회를 잘 감당할 수 있을까에 대한 염려 때문에 목회를 하지 않고 계신다. 나는 부모님이 이곳에서 같이 훈련받으실 수 있도록 기도하고 있다.

하나님께서는 나를 우리 가정의 축복의 통로로 부르셨다. 내가 더 열심히 회개하여 거룩해지고 영안이 더 밝히 열리며 주님의 도구와 통로로서의 역할을 잘 감당할 때 하나님께서 우리 가정을 회복시켜주시고 축복해주실 것이라고 생각한다.

영적 세계를 보다

영안이 열리면서 영적 세계를 조금씩 체험하게 되었고 경험하게 되었다. 영의 눈을 열어 내 몸을 보았을 때 얇은 하얀 실뱀 같은 세력부터 내 몸의 안쪽, 내장이나 심장 부분에는 더 두께가 굵고 길며 생김새가 더 못생긴 세력들이 있었다. 세력은 못생긴게 기분 나쁜 애들이다. 이런 애들이 내게 역사하고 있다는 것을 알게 되었다.

그리스도의 군사로서 사탄들과 싸울 수 있는 눈을 가지게 되었다는 것이 너무나도 감사하다. 싸우려 하는데 눈을 감고 있다는 것은 너무나 불리하기 때문이다. 사탄은 나를 보는데 나는 사탄을 보지 못한다면 슬픈 일이다.

성령의 기름부으심도 보게 되고, 천사들도 보고, 일상생활에서의 영적 흐름도 알 수 있게 되었다. 나는 기적을 체험하고 있다.

나는 영안이 열리기 전보다 더 주님을 바라고 주님 보기를 원하게 되었다. 나는 특별히 하나님을 바라보기를 좋아한다. 위에서 빛 되신 주님이 내게 빛을 보내주시는 것이 보이기 때문이다. 하나님의 너무나 놀라운 위엄과 담대함, 온화하심은 나에게 경외심을 불러일으킨다. 보고만 있어도 좋은 하나님이시다. 보고만 있어도 웃음이 나고 설레며 힘을 낼 수 있다.

영성을 위해서

이전에 나는 주님과의 인격적인 만남을 생각하지도 못했었고 바라지도 않았기에 이런 교제를 하게 되었다는 사실이 너무나도 감사하다. 영안이 열린 후에는 자신을 잘 관리해야 한다. 세력들은 내가 하나님 앞에 굳건히 서지 못하도록 공격하고 힘쓰기 때문이다.

영안은 하나님 말씀대로 행하고 회개하며 생활할 때 더 밝히 열리기도 하지만, 반대로 하나님 마음에 심려를 끼치는 행동을 하거나 하나님 말씀과 맞지 않는 삶을 살 때, 즉 죄를 지을 때 밝히 보지 못한다.

이것은 일상생활로도 이어졌다. 하루의 시작을 말씀과 기도, 회개로 새벽기도를 하면 승리하는 하루가 되지만, 말씀과 회개에 힘쓰지 않게 되면 세력의 공격으로 영과 마음이 상처를 입을 때가 많았다.

나는 여전히 하나님 앞에, 사람들 앞에, 부모님 앞에 부족하기만 하다. 아직 내 안에는 크고 작은 세력들이 있어서 내게 역사하고 공격하는데 내가 앞으로 쌓아야 할 학문적 지식은 너무나 많고 나의 영혼은 약하기만 하다. 하지만 나는 하나님을 바라본다.

하나님은 내 토기장이시며 나를 가르치신다. 지금은 특별히 물질에 대해 시험하시며 가르쳐주고 계시다. 하나님이 가르쳐주시는 것들을 잘 배우고 싶다. 나는 어제보다 오늘 더 영적으로 깊어지고 하나님 앞에 가까이 나아갈 것이고, 내일은 더 하나님 앞에 나아가며 더 사랑하려 한다.

그리스도의 군사로서
사탄들과 싸울 수 있는
눈을 가지게 되었다는
사실이 너무나도
감사하다.

영적
천재들의
이야기

세상과 치열하게 싸워야 합니다

이마리아(22세, 가명)
파주의 월드림 센터 목사님 자녀이며
실로암 본부 센터에서 사역과 훈련을 받고
영안이 열린 청년

글을 시작하며

실로암에서 영적 훈련을 받는 것의 좋은 점을 이야기하자면 100일이 걸려도 부족하다고 말할 사람들이 무수히 많을 것이다. 훈련을 받을 때 그리고 그 이후 우리에게 내린 하나님의 은혜는 무궁무진하다. 주님은 깨끗한 신부가 되기 위해 몸부림치는 자녀들에게 아낌없이 부어주셔서 많은 것을 체험하게 하셨다.

이렇게 회개하여 주님을 만나고 체험하는 것이 좋은 것을 모르고 살았던 세월이 너무 아쉽다는 고백들이 서로의 가슴을 울린다. 그래서 나는 이 글을 통해 내가 경험한, 겪고 있는 고통과 고민을 나누려고 한다.

회개를 시작하다

처음 회개를 시작하고 6년의 시간이 흘렀다. 갓난아이가 걷고 뛰고 말하며, 어린이가 초등학교를 졸업하여 청소년기에 들어설 수 있는 긴 시간이지만 아직도 난 나에게 찾아온 이 축복이 어색하다.

처음 회개를 시작할 무렵 우리 아버지는 개척 교회를 시작하신 지 5년이 되었을 때였다. 개척하고 5년이나 지났는데도 교회 성장은 제자리걸음이었다. 개척을 하고 제대로 성장하지 못하는 교회는 힘들 수밖에 없다. 모든 것이 부족해 그 어떤 일도 할 수 없었고 경제적으로도 넉넉할 리 없었다. 하지만 철이 없던 탓에 갖지 못한 것에 대한 슬픔이 많이 있었지만 감사하게도 쉽게 잊혀졌다.

그때 나는 열일곱 살이었는데 그 나이는 미래를 꿈꾸는 데 익숙했고, 또한 고난이 성공의 어머니가 될 것이라 기대했다. 혹은 풍성히 소유하지 못한 것에 익숙했는지도 모른다. 하지만 부모님의 사정은 나와 다르셨던 것 같다.

처음 실로암에 가서 몸속에 있는 악한 영들에 대해 진단을 받고 돌아와 우리에게 회개를 권하시던 부모님의 모습을 기억한다. 어머니는 간절하셨고 아버지는 몸속에 악한 영이 있다는 사실과 함께 이렇게 많은 영이 있다는 것에 대해 미심쩍어하셨다. 하지만 진단의 내용을 의심 없이 받아들이신 어머니의 단호함과 더 이상 몰릴 구석조차 없이 어려웠던 아버지의 목회 상황으로 인해 좋든 싫든 온 가족의 회개가 시작되었다. 매일이 전쟁 같았다.

사역을 받기 위해 실로암까지 한 시간이나 차로 가야 했는데 나는 여러 가지 일과 상황을 핑계 삼았고 언제나 투덜거리며 차에 올랐다. 훈련 기간 두 달 중 짜증을 내지 않았던 날이 손가락에 꼽을 정도였다. 생각해보면 옳은 일임에도 감정에서 시작되는 이 모든 것이 우리의 회개를 막기 위한 훼방임을 알면서도 모른 척 속아 넘어가고 싶은 마음이었다. 어떠한 간절함이나 갈급함도 내 마음에는 없었다.

훈련 기간 중에 부모님 손에 끌려 억지로 영 진단을 받으러 온 신학생을 만난 적이 있다. 그는 자기 몸에 있는 악한 영을 내

보내기 위해 회개의 필요성을 인정하지만 당장 하고 싶지는 않다고 했다. 조금 더 놀고 싶다고 말했다. 회개를 한다는 것은 세상의 즐거움을 끊어야 한다는 것이고, 시간을 투자하여 기도하는 것이 벅찼기 때문이었다. 내 마음도 바로 그랬다.

센터를 받아 사역하다

우여곡절 끝에 우리 가족은 훈련을 마쳤고 영적 사역을 할 수 있는 자격을 얻었다. 그리고 우리 가족의 질긴 의심에 쐐기를 박게 된 계기가 찾아왔다. 어느 날 우연히 신 내림을 받고자 무당집에 가야 한다고 말하는 집사님을 만나게 되었다. 아버지와 친분이 있던 다른 집사님들의 적극적인 권유로 이루어진 만남이었는데 아버지가 능력을 받았다는 소식을 들으셨던 것이다.

우리와 그 집사님들은 너무 멀리 떨어져 살고 있어서 일 년에 한 번 뵙기도 힘든 분들이었는데 왜 그 일의 해결 방안으로 아버지를 떠올리셨는지는 지금 생각해도 하나님의 인도하심 외에 다른 것이 없다.

내가 신 내림을 받으려 했던 집사님을 직접 만난 것은 그분이 회개를 시작하시고 우리 집으로 사역을 받으러 오셨을 때였다. 처음 우리 교회에 방문하셨을 때 그분은 목사님인 우리 아버지 눈이 무섭다며 꼭 감고 쳐다보지 않으셨다는 말을 들었는데 드디어 내가 만나게 된 것이었다. 나는 '드디어 귀신들린 사람을 보게 되나' 하고 기대했었는데 민망하게 정상적인 모습이셨다.

하지만 아버지가 사역을 시작하여 그분을 회개시키고 예수님의 이름으로 세력을 부르자마자 집사님의 몸이 마구 움직이기 시작했다. 몸이 심하게 들썩거리고 어깨와 가슴이 무엇인가가 잡아 올리듯 올라갔다.

실로암에서 훈련받을 때 보고 들었던 놀라운 현상들이 우리 가족이 주도하는 사역에서 일어나고 있는 것이었다. 신기하고 놀라웠다. 참으로 희한한 일을 한다는 생각이 들어 약간 우쭐한 마음도 들었던 것 같다. 이 축귀 사역은 내게 중요한 기억이 되었다.

변화는 더디고 지쳐가는 마음

어떤 목회자도 흔히 행할 수 없는 굉장한 일을 아버지의 사역을 통해 경험했지만 우리 교회의 변화는 더디기만 했다. 여전히 주일 예배에 참석하는 사람은 우리 가족이 전부였고, 사역을 받으러 왔던 사람들도 기대했던 것을 얻지 못한 채 떠나가는 것 같았다.

우리는 이런 큰 능력을 받았기 때문에 목회에 큰 비전이 생겼고 탈출구를 찾았다고 생각했었다. 그러나 풍선 같았던 마음에서 조금씩 바람이 빠졌고, 벗어나고 싶던 현실에서 우리는 떠나지 못했으며, 우리 가족은 각자의 위치로 돌아왔다.

나는 수험생이 되어 내 뜻대로 움직이지 않는 내 정신과 싸워야 했다. 신앙과 삶이 분리되어 지금은 내 미래를 위해 투자할 때라고 생각해 공부에 전념하다보니 오히려 주님과 멀어졌다.

더디기는 했지만 나에게 변화가 없었던 것은 아니었다. 매달 실로암에 가서 각자의 신앙 상태를 점검하는 생활 진단을 받고 사역자 예배에서 설교를 들으면서, 또한 연초에 주님이 주시는 말씀을 통해 우리 가족과 나 스스로를 돌아보게 되었다. 하나님의 담금질은 하나하나 신중하게 이루어지고 있었다.

세상에서 살면서 무뎌졌던 죄에 대한 경각심들이 되살아나기 시작했고 나를 향한 하나님의 뜻에 대해 고민하게 되었다.

믿음과 삶의 불일치에서 오는 괴리

하나님과 소통하는 일은 힘들었다. 나에게 하나님은 어머니의 입을 통해서 듣는 '엄마 친구 아들' 같은 존재였다. 어렸을 때부터 하도 많이 들어서 그분이 누구인지는 알지만 내가 직접 만난 적은 없는 미지의 존재였다. 그 존재와 갑작스럽게 마주쳤을 때 어떤 이야기를 꺼내야 할까, 어디서부터 무엇을 하나님과 나누어야 할지 알 수 없었다.

어머니는 내가 모든 일을 하나님과 공유하고 문제가 있을 때마다 여쭤보고 선택하여 하나님이 이끄시는 대로 살기를 기대하셨다. 그러시면서 너는 그렇게 영안이 잘 열렸는데 무엇이 문제냐고 다그치셨지만 여전히 내겐 '문제'였다.

하나님께 기도하는 것은 힘들었고, 기도 중 주님께 받은 말씀이 있어도 믿고 따를 자신이 없었다. 그러다보니 하나님과 나는 사역을 할 때만 기도하는, 아버지와 자녀가 아닌 직장 상사와 말단 직원 같은 관계가 형성되었다.

특별히 대학을 진학한 후 내가 상상했던 것과 너무나 다른 학교생활에 부딪히자 급격한 우울함과 자괴감에 빠져들었다. 다른 무엇보다 '나는 왜 행복하지 않는가' 하는 것이 가장 큰 고통이었다. 내게는 왜 다른 아이들과 같은 불타는 열정이 없는지, 나는 왜 저 아이들처럼 진취적이지 못한지, 나는 왜 이렇게 외로운지,

왜 자꾸 사소한 것에도 상처를 받는지. 내 모습 하나하나가 초라하고 보잘 것 없어 보였다.

더욱이 영안이 열리고 많은 영적인 현상을 보고 우리 교회에서 하나님과의 통로로 사역하는 내가 그렇다는 사실이 자존심을 더욱 상하게 했다.

사람은 의지할 대상이 아니다

이 고통을 치료하기 위해 내가 쓴 처방은 '사람'이었다. 수험생으로 집에 틀어박히기 전까지 나는 좋은 조언자들을 만났다. 스스로 '나는 만남의 축복을 많이 받은 사람'이라고 말한 적도 많았다. 사람들의 지혜와 조언은 나를 성장하게 했고 바른 길로 인도해주었기에 이번에도 누군가 내 속을 시원하게 해줄 해답을 갖고 있을 것이라고 기대했다. 하지만 이런 내 기대는 처참하게 깨졌다.

아무도 내 문제를 이해하지도, 탁월한 해답을 알려주지도 못했다. 특히나 영적인 세계를 아는 사람도 없었고, 아무리 가깝다고 해서 이 부분까지 마음 편히 털어놓을 수 없었기 때문이기도 했다. 사람을 만나면 잠깐 위로는 되었지만 여전히 집으로 돌아오는 길은 허무하고 답답했다. 오히려 그가 내가 기대했던 성품이나 능력의 사람이 아니라는 사실에 실망하기도 했다. 이런 일이 반복되면서 '사람'이 내 고통을 해결해줄 수 없다는 사실을 분명히 알게 되었다. 내 고통을 이해하고 해답을 알려줄 수 있는 분은 '예수 그리스도' 한 분밖에 없다는 것을. 하지만 어떤 목사님 말씀처럼 이런 사실을 알면서도 내 아집을 내려놓고 하나님 앞에 나아가는 일은 여전히 쉽지 않았다.

교만의 영은 늘 머릿속 한 켠에서 스스로 할 수 있는 일에 대한 계획을 세우게 했고, 의심의 영은 내가 영안으로 보고 있는 것에 대한 의심을 한 순간도 멈출 수 없게 했다. 이렇게 헤매면서 깨달은 것은 그래서 나에게 첫 사역의 기억이 굉장히 중요하다는 것이었다.

의심에 의심이 꼬리를 물다가도 그때 내 눈 앞에서 벌어졌던 경련을 일으킨 집사님의 모습을 떠올리면 이 모든 것은 분명한 '사실'이었다. 그런데도 반복해서 같은 의심을 품게 되는 것을 보면 교만에 이어 '의심'이 나를 넘어뜨리는 가장 큰 영임이 분명하다.

몇 년이 지난 지금 하나님의 담금질을 통해 우리 가정과 교회는 변화되고 있다. 가시적으로는 회개하는 성도가 늘어가고 있고, 재정적으로도 부족함이 줄어들고 있다. 비가시적으로는 서로에게 오가는 말들과 삶의 자세, 시선이 하나님을 향해 맞춰지고 있다. 매일매일 나의 교만, 의심과 싸우느라 머릿속이 엉켜있지만 아주 조금씩 그 매듭을 풀어주시는 은혜가 느껴질 때마다 정말 감사하다.

영안에 대하여

회개를 하고 영안이 열리는 것이 '고생 끝 행복 시작!'이 아니다. 이것은 이제 겨우 영적 세계에 눈을 뜬 것이다. 만일 자신을 굉장한 사람처럼 생각한다면 세상에 휘둘린 채 자기가 군사인지, 자기가 살아가는 이 땅이 전쟁터인지 전혀 분간하지 못했던 인간이 갑자기 의식이나 준비도 없이 손에 칼자루와 방패를 들고 싸워보겠다고 적을 겨누며 일어서는 것과 같다.

영안이 열리는 순간부터 자기 자신과 또 세상과의 치열함이 시작되는 것이다. 나에게 영안이 열린 이 축복이 지금은 어색하다. 내가 얼마나 오랜 시간 동안 군사의 신분을 잊고 살았던가.

앞으로 내 고통이 나의 죄로 인한 고통이 아니라 군사로서 하나님의 영광을 위한 것이 되기를 간절히 소망한다. 내 고뇌가 교만을 향하는 것이 아니라 하나님을 아는 지혜가 되는 길이 되기를 소망한다. 앞으로 타오르게 될 내 열정이 하나님을 향한 열정이 되기를 기도한다.

영안이 열리는 순간부터 자기 자신과 또 세상과의 치열함이 시작되는 것이다.

영적 천재들의 이야기

믿기지 않던 세상을 봅니다

전찬송(20세)
광주의 월드미션 센터 목사님 자녀이며,
실로암 본부 센터에서 사역과 훈련을 받고
영안이 열린 대학생

실로암 수련회에 참석하다

2013년, 내가 실로암에 온 지 약 5년이 되었다. 5년 전 나는 철없는 사춘기 반항아에 불과했다. 여느 아이들처럼 항상 입에 달린 불평불만과 짜증은 나 자신을 비롯하여 부모님을 힘들게 했다.

중학생 때 아무것도 모른 채 실로암 하계 수련회에 처음으로 참석했다. 아버지에게 영문도 모르고 끌려온 곳이 수련회인 것을 알고 화가 머리끝까지 난 나는 쉴 새 없이 불평불만을 쏟아냈다. 개회 예배 후 시작된 영적 사역 시간에 나는 아무 의미도 없이 여기저기로 사역자들에게 사역을 받으러 돌아다녔다. 사역장 안의 여러 곳에서는 각기 다른 내용의 사역들이 동시에 이루어지고 있었기 때문이다.

그 사역들은 지금까지 한 번도 접해본 적 없는 낯선 것들 투성이었다. 이곳저곳 다니면서 생소한 사역을 볼 때마다 이곳이 사이비나 이단인 것 같았다. 사람들은 뱀이네 세력이네 말하는데 도무지 내 머리로는 이해되지 않는 행동과 말들이 여기저기에서 오고 가는 것을 듣고 보았다.

그때 처음 내가 받은 사역은 '마음의 빗장'이었다. 이게 무슨 사역인지 듣고 싶지도 않았고 관심도 없었다. 그저 시간을 때우고 싶었을 뿐이었다. 줄을 서서 기다리다보니 드디어 내 차례가 왔다. 처음 얼굴을 본 사역자분이 내 가슴을 들여다보고 새카맣게 색칠된 커다란 문을 그려주었는데 그것은 내 마음의 문이 닫혀 있는 것이라고 설명해주었다.

그런데 갑자기 내 눈에서 눈물이 나기 시작했다. 이유 없이 갑자기 마음이 찡하면서 뭉클해졌고 울음소리가 커지기 시작했다. 그때 사역자 분이 "주님께서 자매님의 마음을 어루만져주고 계시네!"라고 하셨다. 정말 나도 모르게 누군가가 어루만져주는 듯한 느낌을 받았다.

그 사역이 끝나고 다시 장소를 옮겨 여러 사역을 받았지만 여전히 마음은 붕 뜬 채 집에 가고만 싶었다. 그렇게 진단을 받으면서도 아직까지 나는 이곳을 '이상한 곳'으로 여기고 있었다.

실로암 본부 센터에 오다

드디어 3박 4일이 지나고 손꼽아 기다리던 집에 가는 날이 되었는데 다시 아버지의 손에 이끌려 집이 아닌 본부 센터로 오게 되었다. 친구들과 어울리려던 계획이 산산조각 난 것이다. 나는 역시나 불평불만으로 툴툴거렸다.

이곳에서는 많은 목사님과 사모님들이 울면서 회개를 하고 있었다. 나도 회개를 해야 한다고 하시는데 회개가 뭔지 잘 받아들여지지 않았다. 목사님 딸이었지만 평소 기도와는 거리가 먼 그런 딸이었다. 나는 지루하기만 했다. 늘 보던 TV도 없고 컴퓨터도 없었다. 같이 놀 친구도 없었다. 도대체 얼마나 여기에 더 있어야 하는지 하는 생각에 짜증만 나고 집에 갈 생각만 했다.

주위에서는 회개기도를 하라고 부추겼지만 앞에서 말했던 것처럼 나는 기도와는 거리가 멀어서 어떻게 해야 하는지도 뭐라고 말해야 하는지도 몰랐다. 기도 시간에 늘 잠만 잤다.

어느 날 사역자분들이 나에게 방 한 켠에 누우라고 하시더니 내 몸의 악한 영들을 부르기 시작했다. 기분이 이상했다. 사역자분이 기도문을 주시며 읽으라고 하셔서 그것을 읽는데 눈물이 흐르기 시작했다. 그렇게 집에 가자고 조르고 회개 시간에 잠만 자던 내가 기도문을 읽기 시작한 것이다.

이때부터 나에게 조금씩 작은 변화가 일어났다. 지금도 그렇지만 회개는 역시 힘들고 어려웠다. 그 길고 어렵던 회개의 할당량을 채우고나니 그때부터 모든 의문이 풀리기 시작했다.

영안이 열리다

임파테이션의 날, 목사님께 머리에 안수를 받고 영안을 열어주시는 기도를 받았다. 그리고 목사님이 시키시는 대로 "주님 보시옵소서"라고 말하고 찬찬히 내 앞에 누워 있는 사람의 몸을 눈을 감고 보았다. 한 사람이 누우면 같이 기도를 받은 여러 사람이 함께 보았다. 그런데 그 모습은 정말 충격 그 자체였다. 실타

래 같은 얇은 것들이 눈, 코, 입, 귀를 비롯한 온 몸에 감기고 박혀 있는 것이 보이기 시작한 것이다. 정말 놀라웠다.

그것들은 그동안 말로만 듣던 악한 영들, 곧 귀신이었다. 물론 작은 귀신이다. 이런 것들은 사람 몸에 수도 없이 있었다. 나는 내 눈으로 세력들을 보고서야 여러 사람들이 하는 말들이 이해가 되었다.

그리고 더 정확하게 보는 훈련을 하기 시작했고 그 뒤로 군말 없이 시키는 대로 했다. 왜냐하면 정말 내 눈에 보이니 말이다. 악한 영 또는 세력이라는 것들이 내 눈에 보이는 이상 믿지 않을 수가 없었다. 나는 매일같이 훈련을 받았고 그렇게 길고 긴 여름방학을 그곳에서 보내고 집으로 돌아왔다.

집에 온 이후 영안이 열린 지 얼마 되지 않아서 그런지 온 몸이 예민하게 반응했다. 지금도 기억하는데 학교에서 친구들과 평소처럼 하하 호호 떠들며 계단을 오르고 있었다. 그때 나도 모르게 크게 비명소리를 질렀다. 갑자기 손등이 무언가에 물린 것처럼 아파왔기 때문이다. 손등을 보니 이빨 자국이 선명하게 보였다. 꼭 뱀이 문 것 같았다. 훈련받을 때 이런 경우도 있다는 말을 들었었기 때문에 그것이 세력 때문인 것을 알 수 있었다.

친구들은 왜 그러냐고 물었지만 영적인 세계를 모르는 친구들에게 자세히 말할 수가 없었다. 말했다면 난 아마 여러 오해에 시달리고 좋지 않은 결과를 보게 되었을 것이라 생각된다.

하지만 그 후로 더 이상 같은 일이 일어나지 않았다. 그것은 내 영안이 닫혀버렸기 때문이었다. 어느 순간부터 영적으로 보려고 해도 도무지 보이지 않았다. 본부에 연락해서 그 이유를 물어보았더니 가히 충격적이었다. 주님이 내 영적 능력을 다시 가져가셨다는 것이다.

나는 영안이 열린 후로도 계속 회개는 했지만 같은 죄를 다시 짓고 회개 전과 똑같은 삶을 살았기 때문이었다. 영안이 닫히는 이유가 세력에 의해 가려지는 것도 있지만, 나 같은 경우는 주님이 직접 내 영의 눈을 가리신 것이라고 하셨다. 그동안 애써 회개하여 영안이 열린 것이 모두 물거품으로 돌아간 것이며, 내가 기도하면서 아무리 세력을 쫓아내더라도 주님이 손을 거두지 않으신다면 영영 보지 못할 수도 있었다.

그 해 겨울 나는 본부 센터에서 다시 기도와 회개에 전념했다. 아니, 야단을 맞으면서 회개하였다. 그리고 다시 영안이 열렸지만 전처럼 예민하게 보이지는 않았다.

영안으로 보다

내가 영안이 열린 지 3년째 접어드는 해였다. 글로만 보고 귀로만 들었던 사역이 내 앞에서 이루어졌다. 평소에도 집에서나 이곳에서 보조 사역자로서 사역의 일부를 해왔지만 이번에는 여느 사역과는 달랐다. 사역 대상이 현직 보살이었기 때문이었다.

이 보살은 몸에 무리가 갈 수 있는 행동을 하고, 자신도 모르게 무의식중의 말을 읊는, 한마디로 '귀신들린 자'라고 표현할 수 있는 사람이었다. 그는 보살 노릇을 하다가 귀신이 들렸다고 했다. 그래서 계속 헛소리를 하였다. 이 보살의 가족이 실로암 사역에 대해 어떻게 알았는지 고쳐달라며 찾아온 것이다.

하지만 우리는 회개되지 않은 보살에게 있는 악한 영은 그것을 아무리 불러내도 소용없을 거라고 생각했다. 회개문을 읽고 왔다고는 하지만 영을 불러내 대면하지 않는 이상 모르는 일이었기 때문이다.

그 보살은 어떤 때는 자신을 '신'이라 했다. 옆에 있던 나는 그저 웃기기만 했다. 이런 현상을 보는 것이 쉬운 일은 아니었기 때문에 적극적으로 사역에 참여했다. 그 보살을 눕히고 한 목사님께서 세력을 불러내셨다. 그때 그의 몸이 이상하게 뒤틀리고 몸이 활처럼 휘는 기이한 현상이 내 눈앞에서 일어났다. 이것은 스스로 하려고 해도 할 수 없는 기이한 모습이었다.

보살은 가족의 도움으로 강제라고 말할 정도로 억지로 죄를 회개하였다. 그리고 며칠 뒤 그는 정말 크게 달라져 있었다.

그 다음 사역 시간에 한 목사님께서 제정신이 어느 정도 돌아온 보살에게 물으셨다. "이 병이 다 나으면 어디로 갈 겁니까? 예수를 잘 믿겠소?" 보살은 "내가 가긴 어딜 가. 다시 절로 가야지"라고 말했다. 한 목사님은 꼭 예수를 믿어야 산다고 하셨는데 그는 끝까지 교회에 가지 않겠다고 말하였다.

그 자리에서 한 목사님은 '당신 같은 사람에게 더 이상 사역할 수 없다'고 하시며 보살을 집으로 돌려보내셨다. 그는 주님의 은혜로 치료되어 가고 있었는데 치료된다면 다시 옛날로 돌아가 보살을 한다고 했기 때문에 그런 말을 하는 사람의 병을 치료할 수 없었던 것이다. 그동안 여러 사역자들이 힘들게 사역해왔는데 정말 허무한 결과였다.

한번은 한 목사님의 인도로 나와 몇 명이 공동묘지에 가서 훈련을 받았다. 죽어서 묻혀 있는 이 사람들이 어떻게 죽었는지를 보는 사역이었는데 이때 훈련생 대부분의 영적 계급이 군대로 말하자면 소위, 중위 정도의 위치여서 영적으로 약한 상태였다. 그래서 조금 더 조심스럽게 훈련에 임했다.

영적인 눈으로 공동묘지를 둘러보던 중 많은 악한 영들이 나를 째려보고 있음을 느꼈다. 영권이 강한 목사님과 함께 있기 때문에 함부로 우리에게 영향을 주지는 못했지만 수많은 악한 세력의 눈이 나를 보고 있음에 소름이 끼쳤다.

다시 침착하게 한 무덤을 주시했다. '주님 보시옵소서' 하고 기다리자 얼마 후 환상이 보였다. 술에 취한 할아버지가 집 마루에 앉아 세상을 비관하고 계셨다. 그러더니 "이 살기 싫은 세상"이라고 외치면서 옆에 있던 낫으로 자신의 배를 찔렀고 더 이상 환상이 보이지 않았다.

다른 묘지를 보니 다른 환상이 보였다. 이제는 마치 영들이 자신들이 어떻게 죽었는지 보여주는 것 같았다. 교복을 입은 한 여학생이 보였다. 그러나 그 모습은 행복해 보이지 않았다. 그리곤 어디론가 걸어가더니 자신의 우울을 이기지 못하고 나무에 목을 달았다.

그 뒤로도 여러 차례 다른 무덤을 보았지만 이것이 내가 본 환상 중 가장 안타까운 죽음이었다. 같은 시간 같은 공간에서 살아가지만 이 삶이 누군가에게는 슬픔이 되고 다른 누군가에게는 기쁨이 된다는 점에서 주님을 알고 이 세계에 대해 알게 된 것에 깊이 감사했다.

또한 같은 장소를 밤에 가서 훈련을 하였는데 정말 많은 귀신들이 공동묘지에서 활개를 치고 돌아다니는 것이 보였다. 밤의 공동묘지는 귀신 세상이다.

다시 회개하다

나는 다시 집으로 돌아왔다. 긴장이 풀어지고 세상에 묻혀 살면서 점점 영적 사역이 즐겁지만은 않기 시작했다. 점점 사역이 귀찮아졌고 이 사역에 대한 소중함이 무뎌지고 있었다. 또 변화받고 새로운 사람이 되었어야 했지만 아직도 10대인 나는 영적인 세계보다 눈에 보이는 세상이 더 좋았다. 다시 영안이 닫힐 거라는 두려움은 잊은 지 오래였고 또다시 허황된 삶을 살며 이리저리 세상과 친해지기 바빴다. 입에서 다시 불평불만이 터져 나왔고 혈기분노도 넘쳤다. 영안은 열렸지만 세상 사람과 똑같았다.

이번 수련회의 회개 시간이었다. 세상을 사랑했던 나는 또다시 기도하고 회개하는 법을 잊고 있었다. 20분이나 지나는 동안 전혀 기도가 되지 않았다. 기도하려 한다고 기도가 되는 것이 아니다. 무기력하게 눈을 감고 있던 그때 주님께서 환상을 보여주셨다.

그 환상은 힘없이 걸어가는 아빠의 뒷모습이었다. 갑자기 말랐던 눈물이 흐르기 시작했고, 세상을 사랑하던 내 모습이 초라하게 느껴졌으며, 진실한 마음으로 회개에 전념할 수 있게 되었다. 깊이 회개하면서 주님과의 관계가 중요하다는 사실을 깨달았고 그동안 지었던 죄들을 뉘우칠 수 있었다. 주님이 환상을 보여주시지 않았다면 아마 뜬눈으로 회개 시간을 보냈을지도 모른다. 죄 많고 어리석은 나를 또다시 찾아주시고 새로운 기회를 주시는 주님께 감사드린다.

악한 영 또는
세력이라는 것들이
내 눈에 보이는 이상
믿지 않을 수가 없었다.

주님만 바라봅니다

양주영(25세)
파주의 주나힘 센터 목사님 자녀로
실로암 본부 센터에서 사역과 훈련을 받고
영안이 열린 청년

실로암을 만나다

나는 주나힘 센터의 사역자로서 올해 25세가 된 양주영이다. 지금부터 나는 실로암 사역을 접하고 영안이 열리기 전 내 생각과 행동에 대하여 이야기하려 한다. 맨 처음 실로암 사역을 접하게 된 것은 2007년 말쯤이었다. 그때 나는 열아홉 살의 입시생이었고 심각한 아토피 질환을 앓고 있었다. 몸의 보이지 않던 부분에 있던 것들이 모두 얼굴로 넘어와 너무 흉측했고, 그런 내 모습은 나 자신조차 보기 힘들었다.

입시 시즌임에도 불구하고 집 안에만 틀어박혀 폐인 같은 생활을 하던 중 월드림 센터에 가서 몸에 있는 영에 대해 진단받고 회개를 시작했다. 악한 영들이 눈에 보인다는 말이 내게는 너무 신기하기만 했다. 나는 피부 탓에 센터에 자주 가지 못하고 집에서 회개 기도만 했다. 그리고 몇 차례 사역을 받았는데 어느 순간 나의 피부가 깨끗이 가라앉았다. 우리 가족은 미신 성향을 회개한 후 서울에 있는 실로암 본부 센터로 가 2007년 초에 영안이 열렸고 훈련을 받았다.

당시 그곳에는 훈련받는 어린아이들이 있었는데 영안이 활짝 열린 그 아이들을 보니 너무 신기했다. 그런데 나 또한 영안이 열렸다는 사실이 너무나도 신기했다. 아주 어렸을 때부터 주님께서 날 사랑하신다는 사실을 알고 느껴왔지만 이렇게 영안이 열려 영적 세계를 보고 천국에 갔을 때 보좌 자리도 주님과 가깝다는 사실을 알고는, 내 속에 잠재되어 있던 막연한 믿음들이 피부로 와 닿아서 너무 행복했다.

영안이 잘 열리지 않다

훈련 받을 당시 나는 다른 사람들만큼 영안이 확 열려서 남들을 사역해주는 정도가 못 되었다. 잘 보이지 않았지만 주님의 은혜로 가까스로 영안이 열려 환상과 세력을 식별하는 정도였다. 나와 훈련을 받는 주변의 또래 아이들과 동생들은 나와 같이 목사님 자녀들인데 모두가 영안이 활짝 열려 사역하는 모습을 보니 많이 부러웠다. 나도 목회자 자녀인데 '왜 난 보이지 않을까' 하는 생각에 낙심되고 마음에 상처가 되었다.

기도하며 고민하던 중에 한 친구의 이야기를 들었다. 그 친구는 어릴 때 기도하던 중 혼자서 영안이 열려 악한 세력들을 식별했다는 것이다. 그래서 부러운 마음에 '이 아이 역시 주님께 선택받은 아이구나. 나는 도대체 뭐지?' 하며 마음이 굉장히 불편했다.

하지만 그 아이는 그 세력들이 너무 징그럽고 혐오스러워 도무지 참을 수 없어 다시 영안을 닫아달라고 하나님께 기도했다고 했다.

처음에는 어린 마음에 부러움과 시기가 올라올 뿐이었지만 다시 생각해보니 내가 지금 이 상황에서 영안이 활짝 열린다면 틀림없이 교만하여 잘못하다가는 주님을 저버리거나 패역한 자가 될 수 있다는 섬뜩한 생각이 들었다. 어린아이들이 영안이 열려 사역을 할 때 인격적으로 부족할 수밖에 없는 것을 보며 나는 그렇게 되고 싶지 않았다.

오히려 내가 더 주님 앞에서 깨끗해지고 인격적으로 올바르게 섰을 때 영안이 활짝 열려 주님 일만 하며 살고 싶다는 생각을 했었는데, 결국 주님이 아시고 시간을 미루신 것이라는 믿음이 생겼다. 곧 내 마음에 평안이 찾아왔고 지금은 내 자신을 갈고 닦으며 준비하는 과정에 있다.

어두운 세상 속에서

영안이 열리자 악한 것과 선한 것의 구별이 확연해졌고, 자연적으로 죄를 알고 짓지 않으려 노력하고 회개하게 되었다. 하지만 아직 어리고 주변의 친구들로 인하여, 또 내 자신이 나태하고 죄를 좋아하여 알면서도 죄를 짓는 기이한 일들이 벌어졌다.

모르고 지을 때보다 더욱 죄스럽고 더 어두운 나락으로 떨어지는 기분이었다. '목사님 아들에 영안까지 열렸다는 사람이 이토록 더러울 수가 있는가.' 나는 자괴감에 빠졌지만 그럼에도 세상 속으로 더욱 빠져갈 뿐이었다. 오랜 시간 어둠과 같은 곳에서 내 영혼은 상처받고 지쳐갔다.

한참을 지나 정신을 차린 나는 깨달았다. 목사님의 자녀이든 영안이 열리든 항상 깨어 있지 않으면 나락으로 떨어질 수 있고 이렇게까지 망가질 수도 있다는 사실을 말이다. 악한 것들의 역사가 주님의 자녀들에게, 특히나 영안이 열린 특별한 존재들에게 끔찍하게 임하는 것을 보며 정말 마지막 때까지 믿음을 지키는 것이 얼마나 어려운 일인지 다시금 깨달았다.

나는 세상 속에 빠졌다가 주님의 품으로 돌아온 것이 너무나도 다행스럽고 감사했다. 이제는 죄를 짓지 말아야지 하는 생각과 함께 주님 곁에 갈 때까지 깨끗하고 올바르게 살아야겠다고 생각했다.

하지만 이 결심을 한 지 얼마 지나지 않아 다시 죄악의 굴레에 떨어졌고 혼란에 빠졌다. 영안이 열려 있는 사역자이지만 나는 너무나도 더러운 인간이었다. 우리에게 사역을 받는 대부분의 사람들은 우리 사역자들을 굉장히 깨끗하고 선지자 같은 존재로 생각하는 것 같다. 물론 그런 훌륭한 사역자들도 있지만 그들조차도 죄에 취약한 부분이 있다.

그것이 인격의 문제이든지 아직 끊지 못한 과거의 습관이든지 모든 사역자에게도 저마다 실망스러운 부분이 있을 수밖에 없다. 우리는 결코 신이 아니며 위대한 존재가 아닌 것이다.

사역자든 피사역자든 마지막 때를 살아가는 이때에 더욱더 기도에 힘쓰고, 오직 주님만 바라며, 끝까지 믿음을 지켜야 한다고 생각한다. 나는 아직 영안이 깊이 열려 있지 않기에 깊이 있는 것을 볼 자신이 없다. 영안이 너무 잘 열려 교만하여 주님 앞에서 내쳐질까 무섭다. 때문에 지금은 분별이 잘 되지 않더라도 창피하거나 무력감을 느끼지 않는다.

지금은 내가 더 회개에 힘쓰고 깨끗해지는 것에 초점을 맞추는 것이 중요하다고 생각한다. 그러기에 나의 영안이 열린 내용, 사역 이야기는 다른 사역자들에 비하여 너무나도 일반적이고 평범한 것에 불과할 것이다.

앞으로 나는 인격의 부족한 면과 과거의 나쁜 습관들을 버리고 안정적이며 주님 얼굴에 먹칠하지 않는 그런 사역자가 될 것을 다짐한다. 나 자신의 준비가 끝나게 되면 주님께서 깊이 만나주셔서 항상 그분과 동행하는 삶을 살게 될 것을 믿는다.

그렇게 되면 영안도 자연스레 깊이 있게 되고 대한민국에 꼭 필요한, 마지막 시대를 이끌어가는 주님의 강한 제자가 될 것이다. 이것이 앞으로의 내 다짐이고 천국에 올라갈 때까지 내 사명이다.

우리는 결코 신이
아니며 위대한 존재가
아니다.

영적 천재들의 이야기

이 땅을 살아가는 이유

김현태(21세)
대전의 시온 센터 목사님 자녀로
실로암 본부 센터에서 사역과 훈련을 받고
영안이 열린 대학생

영안이 열린 후의 변화

솔직히 말하자면 영안이 열리기 전과 후에 생각이 크게 달라진 것은 없다. 단지 특이한 현상이나 불확실한 것들에 대해 좀 더 믿음이 생긴 것뿐이다. 믿지 못할 일들을 믿을 수 있게 되었고, 알 수 없는 것들을 보게 되었다는 것이다. 믿는 것과 믿지 않는 것이 작은 차이 같지만 실상은 큰 차이가 있는 일이다.

나는 정적인 사람이어서인지 영안이 열린 후 다른 사람들과의 관계에서도 특별한 일이 아니면 변함이 없고 일상생활도 변한 것이 없다. 이웃들과 원래 가졌던 교제를 유지했고 영안이 열린 후 어떤 문제도 크게 다를 바 없었다.

담배나 술은 예나 지금이나 싫지만 지금은 개인적으로 더 싫어한다. 이것도 영안이 열린 것과 관계가 없다. 이유는 모르지만 의식적이든 무의식적이든 나는 그렇게 반응했고, 이것이 여러 사람이 주장하듯 사람을 사귀는 도구라고도 생각하지 않는다.

영안에 대해서

'영안이 열렸다'는 것은 무엇일까. 그럼 영안이 열렸던 때로 돌아가보아야 한다. 아마 나는 그때 "이게 무슨 짓거리야?"라고 했을 것이다. 다른 사람들은 어땠을지 몰라도 나는 임파테이션을 하고 "영안이 열리셨어요. 축하드립니다. 짝짝짝!" 이런 축하를 받고 좋아하는 기분이 아니었다.

영안이 열리는 훈련을 하면서 내가 본 어떤 현상을 이야기했더니 훈련자가 영안이 열렸다고 말을 해주셨는데, 그때 나는 보이는 대로 말했을 뿐이었다. 내가 말한 것이 정말 답이냐고 다시 묻는다면 당연히 '모른다'고 말할 것이다. 그때는 내게 '영안이 열려 확실히 본다'는 믿음이 결여되어 있었던 것이다.

내가 스스로 영안이 열렸다고 확신한 것은 실로암 겨울 수련회에 참석했던 어느 날이었다. 그때가 몇 번째 수련회인지는 모르지만 아마 내 생애 처음으로 통성기도를 하다가 울어서 기도의 말을 삼킨 때였다. 난 그때 내 눈으로 분명히 주님을 보았고, 나의 갈 길을 제시받았으며, 내가 이 땅에서 살아가는 이유를 알게 되었다. 그때야 비로소 나는 영안이 열렸다는 사실을 믿게 되었다.

영안의 특징이라면 영적인 것, 말 그대로 그 사람에게 있는 악한 세력이나 주께서 내려주신 은사들을 의식적으로 혹은 무의식적으로 볼 수 있다는 것이다. 그런데 내게는 그것은 언제나 자연적으로 나타나지 않고 내가 보려는 강한 의도를 가지고 애를 써야 했다.

보통 악한 영이 보이고 세력을 꿰뚫으며 세력이 몸에 있는 의도를 파악하고, 특정한 질문을 주님께 드리고 그것의 해답을 찾으며, 용과 귀신을 몰아내고 다른 사람을 돌보며 'I got the Power!' 하고 외치는 것과 같은 것이라 할 수 있다.

하지만 앞에서 내가 나의 영안이 열렸을 때의 상황을 이야기한 것은 주님을 믿는 마음이 없다면 영안이 열렸다고 내세울 만한 것이 못 되기 때문이다. 내 의견이지만 영안이 열렸다는 것은 주님의 뜻을 확신하는 것이라 본다. 영안이 열렸다면 주님에 대한 확신이 중요하다. 영안이 열려도 문제가 있어서 다시 닫힌다거나 내가 처음 영안이 열렸을 때처럼 확신도 없이 말하는 사람도 있기 때문이다.

사역과 진단

영안이 열린 사람은 누가 시켜서든 자발적으로든 사역이라는 것을 하게 된다. 나는 다른 사역자와 비교해 능력이 미미한 편이다. 그나마 잘하는 것이 하나 있는데 '주님이 주시는 말씀'이라 불리는 사역이다. 신기하게도 그 사역의 핵심인 주님의 뜻이 눈을 감고 있으면 글자로 잘 보이고 귀와 마음으로 잘 들리는 편이다.

하루는 내가 영안이 열렸다는 사실을 불신하던 시절, 본부 센터에서 내가 하는 주님 주신 말씀 사역이 특이하다고 너나 할 것 없이 받고자 했던 때가 있었다. 나는 희한하게도 '나의 사랑하는 딸아' 하고 말씀을 시작하는 다른 사역자들과는 달리 '언덕 저편에 시기를 잃은 해가' 하는 식으로 나오는 편이었다. 그때 사람들은 나에게 말씀을 받고나서 '이게 무슨 소리냐'며 해석을 요청했고 나는 그때마다 해석해주곤 했다. 지금 생각해보면 그 해괴한 문장을 어떻게 맞춰 해석했는지 신기할 정도로 그 의미를 알려주곤 했다. 나의 해석을 들은 사람들은 '그렇구나'라고 이해하거나 여전히 아리송해하며 다시 물어보기도 했다. 신기하고 기분 좋은 일이었다.

실로암 수련회

다른 이야기를 해보자면 실로암 센터에서 수련회를 열고 영안이 조금 더 밝히 열린 성도가 그렇지 않은 성도에게 사역을 해주었다. 그때 사역을 해주게 된 나는 사역을 배당받고 상당히 당혹스러웠다. '훈련받을 때 본부에서나 몇 마디 깨작거리던 내가 왜 여러 사람들에게 사역을 해야 하는가?' 하는 것이었다. 나는 하는 수 없이 사역을 했고 한 사람 한 사람 해석도 해주어야 했다. 당황스러운 일이었지만 나는 밝은 모습으로 임했다.

한 사람 한 사람 사역을 할 때마다 각자 내용이 다르고 저마다 의미도 달랐다. 또한 내 글에는 항상 냉정한 말이 섞여있었다. 만일 내 사역이 온화하고 아름다운 풍경화 같은 글로 나왔다면 나는 진작 믿지 않았을 것이다. 왜냐하면 좋은 말만 나온다면 너무나 뻔한 일이기 때문이고 그런 말은 누구라도 할 수 있기 때문이다. 그런데 누구를 사역하든 저마다 질책의 언어를 주께서 환상 속에서 글자로 주셨다. 그것이 나에게는 더할 나위 없이 아름다운 매로 보였다.

비전의 변화

나는 소설가가 꿈이었고 지금도 그렇다. 영안이 열린 것이 글을 쓰는데 영향을 미친 것인지 모르겠다. 근래 들어서 나는 간혹 허구를 진실로 쓰게 되었고, 사람들이 허구로 볼 만한 것도 진실로 쓰게 되었다. 사실 사람들이 허구라고 하는 것이 내가 볼 때는 진실이기 때문이다. 이 차이는 클지도 모른다. 왜냐하면 작가의 믿음은 그의 글을 읽는 이를 감흥시킬 수 있기 때문이다. 나는 허구와 진실을 사람들이 잘 분별하지 못한다고 생각한다.

솔직히 말해서 나는 과거나 지금이나 사람이 진실한가 의심을 하는 성격이고, 나 또한 겉으로 보면 바보 같은 행동을 하기도 한다.

영안이 열렸지만 옛날과 다름없이 내 꿈은 그대로이다. 보통 영안이 열리고 주님을 뵙고 난 후에 꿈의 방향이 바뀌는 사람들을 많이 보았는데 내 경우가 딱히 특별하다고 보지는 않는다. 굳이 주님처럼 똑바르게 행하는 꿈이 아니어도 다른 일을 하면서도 주님을 좇을 수는 있는 것이다. 물론 주님이 그것을 원하실 수도 있고 그래서 바뀔 수도 있겠지만, 지금 내 생각으로는 주님께서 내 꿈을 응원해주셨으면 한다.

간혹 영안의 도움으로 엄청난 환상을 보거나 내가 대단한 소설을 쓰는 것은 아닌가 싶을 정도로 꿈을 자주 선명하게 꾸는 편이다. 가끔 내가 무엇을 해야 하는지 뒤죽박죽이 되어 고민에 싸이기도 하지만 말이다.

느낀 점

이 글을 쓰게 된 계기는 수련회 기간 중에 '우리 모두 우리의 이야기를 써보자!'라고 해서 순종하는 마음으로 쓰게 된 것이지만, 쓰면서 생각해보니 내가 영적인 세계에 애정이 깊다는 생각이 들었다. 처음에는 이런 영적인 사역이 나에게 맞지도 않았고, 오히려 싫어하는 사람 축에 속했던 내가 말이다. 지금도 귀찮을 때는 귀찮고 좋을 때는 좋은 갈대 같은 마음이지만 되돌아보면

'좋았다'라고 말할 수 있던 시간이 더 많다. 또 애초에 우리가 주님께 회개하고 다가가는 것은 좋은 일이지 않은가! 영안이 열린다는 것 그리고 영적 세계의 탐험과 같은 부분을 어렵게 보지 말자. 그것이 주님께 다가가는 방향이고 하나님의 사명을 감당하기 위한 여러 갈림길 중 하나라고 생각하면서 걸어가면 된다고 믿는다.

> 난 그때 내 눈으로 분명히 주님을 보았고, 나의 갈 길을 제시받았으며, 내가 이 땅에서 살아가는 이유를 알게 되었다.

비밀스럽고
조심스러운 능력

이실명(21세, 가명)
파주의 월드림 센터 목사님 자녀이며
실로암 본부 센터에서 사역과 훈련을 받고
영안이 열린 청년

실로암을 만나다

내가 실로암 사역을 시작하게 된 것은 부모님과 오랜 기간 친분을 쌓아오신 어느 목사님의 권유 때문이었다. 당시 집안 상황도 좋지 않았고, 적지 않은 시간 동안 목회를 해오셨음에도 충분한 결실을 얻지 못한 부모님께서는 육적으로도 영적으로도 매우 지쳐 있으셨다. 조심스러운 권유에 마음이 움직이신 부모님께서는 우리에게 함께 회개 사역에 참여하자고 제안하셨다.

쉽지 않은 일이었다. 지금도 분명히 기억나지만, 가장 먼저 나온 나의 대답은 흔쾌한 승낙이 아닌 의심이었다. '요즘이 어떤 시대인데, 거기가 어떤 곳인 줄 알고? 이단이라면 어떡할 건데?' 수많은 의혹과 생각들이 내 머릿속을 헤집고 지나갔고 어떻게 부모님을 말릴까 하는 생각들이 수도 없이 솟아났다. 숙고해보라고 권면해주신 시간 동안 곰곰이 생각하면서 결국 순종해야 하지 않을까 하는 마음이 들었다. 며칠 지나지 않아 온 가족이 당시 서울 봉천동에 있던 실로암 본부 센터에 갔고, 미신 성향 진단과 영 진단 등의 사역을 받았다.

영 진단을 받고나서

미신 성향이라는 것에 관해 처음으로 듣고, 내 몸속에 있다는 여러 영들에 관해 설명을 들었다. 맨 처음 영 진단 목록을 받고 떠오른 생각은 '이건 내가 맞네' 하는 것이었다. 당시 온 가족이 각자 영 진단을 받았지만 개인의 특징이 고스란히 드러나 있었고 특히 내 상태가 조금 심한 편이었다.

그 사역자들은 우리를 처음 보았는데도 순식간에 진단하였다. 우상숭배의 영이라는 미신 성향이 높은 편은 아니었지만 사춘기라는 반항기에 분출했던 나의 평범하지 않은 행동들이 그대로 적혀 나오는 것을 보자 얼떨떨했다. 솔직히 말하면 악한 영이 많다는 사실에 조금 창피한 마음도 들었다. 나에 대하여 영적인 진단을 한다는 사실에 고슴도치마냥 곤두세우고 왔던 경계심들이 순식간에 누그러지는 기분이었다.

우리 가족은 미신 성향의 죄를 회개하기 위한 몇 장의 기도문들을 받고 집으로 돌아왔다. 부모님께서 나에게 물으셨다. "회개해야겠지?" 의기소침한 나는 피곤함으로 고개를 끄덕였다.

회개를 시작하다

지금까지 해온 행동들이 사기 마음먹은 대로 그리 쉽게 바뀌지는 않는다. '너 이렇게 살아왔지!' 하고 나를 혼내는 기분으로 솟아났던 반성의 기미는 어느새인가 눈 씻은 것처럼 사라졌고, 부모님께서 회개하자고 교회로 부르시는 것이 가장 귀찮은 때로 변했다. 도대체 왜 회개하면서 눈물을 흘리고 우는 것인지 이해가 가지 않았고 오히려 창피한 기분이었다.

교회에 모여앉아 오디오로 찬양을 크게 틀어놓고 가족끼리 기도문을 읽었지만 약속한 기도 시간이 땡! 하면 바로 집으로 가기 바빴다. 그럼에도 목회자 가정이면서 부모님과 함께 회개를 했기 때문인지 우상숭배로 인한 미신 성향은 금방 떨어졌다.

내가 정말 회개를 시작하게 된 것은 바로 그 다음의 영 진단에서부터였다. 정말 나의 행동 하나하나와 관련된 영들이었고 잘못된 일임을 알았음에도 불구하고 내 삶에서 끊어내지 못했던 것들임을 잘 알았기 때문이다.

나는 밤에 자기 전에 침대에서 무릎 꿇고 영들을 내보내기 위해 회개했고, 실제 나의 삶에서 순간순간 해당하는 영들이 내 영혼과 육체에 작용할 수 있는 상황이 왔을 때 금방 깨닫고 행동에 옮기지 않았다.

혈기분노의 경우 나는 팔과 다리에 각기 영들이 있었는데, 형제들과 서로 기분이 상하면 쥐어박거나 때렸던 일들을 회개하자 그 영들이 모두 나가게 되었다.

회개에 대하여

실로암에서 가장 기초적이면서도 중요하게 여기는 것은 바로 '회개'다. 나는 이전까지 그저 형식적으로 회개하거나 신년 예배 때나 조금씩 회개라는 것을 하던 중이었기 때문에 그것의 중요성을 잘 몰랐다. 그러나 회개에 대해 알고나니 성경 말씀이 조금 다르게 보이기 시작했다. 뒤늦게 깨닫는 것이 많았다. 사도 요한도, 예수님도, 사도 바울도 가장 중요하게 여기며 외치던 것이 바로 회개였다.

처음에는 기도문을 가지고 억지로 시간을 내어 했던 회개가 시간이 지나면서 점차 자연스럽게 내 삶에 정착되었다. 욱하는 심정에 혈기를 부리려고 분노하는 순간 아차 하는 마음이 든 적이 한두 번이 아니다. 그럴 때마다 바로바로 주님께 죄송하다고 회개했다. 시간이 지나면서 내 감정적인 일들에 한 번 더 생각하는 습관을 가졌다. 그렇다고 해서 내 성격이 180도 바뀐 것은 아니다. 그러나 예전보다 훨씬 안정적이 되었다.

또 하나는 감정이 오락가락하거나 홀로 있을 때 왈각 울음을 터뜨리는 일이 사라졌다. 자존감이 올라가니 아무리 남들에게서 상처받는 말을 들어도 가슴이 미어지는 듯한 아픔은 느껴지지 않았다. 친구들 사이에서 쓸데없이 휩쓸리는 일도 줄어들었고 어느새 조금 질이 좋지 않던 친구들에게서 오던 연락들이 하나둘씩 끊어졌다. 신기한 일이었다.

나중에 훈련을 받으면서 알게 된 것은 그것이 나와 그 친구들

사이에 공유하던 악한 영들이 회개를 통하여 없어졌기 때문이라는 사실을 알았다. 가깝게 지내던 친구와 멀어진다고 서운한 마음이 들지는 않았다.

회개는 나뿐만이 아니라 우리 가족에게도 톡톡히 영향을 끼쳤다. 가족끼리 싸우는 일이 줄어들었고 다혈질이신 아버지가 욱하시던 성격도 아예 사라졌다. 아직 기억 속에 남아 있어 전에 아버지가 화를 내셨던 것과 비슷한 상황이 오면 머리부터 움찔하며 눈치를 보게 되는 일은 어쩔 수 없지만 그다음으로 이어지는 상황은 전과 확연히 달라졌다.

우리 가족은 처음에 본부 센터로 사역 받으러 가는 날이면 늘 싸우거나 다투곤 했는데 이것도 악한 영들이 사라지자 더 이상 불미스런 일이 생기지 않았다.

영안에 대하여

내가 영안이 열리게 된 것은 맨 처음 센터에 왔을 때 계획에는 없던 일이었다. 계속해서 회개를 하고 영적인 일들에 대해 마음이 열리기 시작하자 아버지께서 조심스럽게 영안이 열리는 것에 관해 제의하신 것이다. 센터에 오기 전까지만 해도 '절대 영안이 열리기를 바라지 않고 치유 사역 센터도 우리는 시작하지 않을 것이다'라고 생각했던 나는 흔쾌히 동의했다. 정말 내 삶에 있어서 회개가 필수불가결하다는 사실을 깨달았고, 또 조금이지만 영적 욕심도 생겼기 때문이었다.

흔히 처음 영안이 열린 사람들이 보이는 반응은 한 가지다. 기본적인 시야에 새로운 것들이 덧입혀지는, 영안을 열린 순간 세상이 뒤바뀌어 보일 것 같은 새로운 감각일 거라 상상한다. 나도 그렇게 생각했다. 그러나 임파테이션을 받고 훈련도 받으면서 생각이 바뀌었다. 영안은 좀 더 비밀스럽고 조심스러운 능력이라는 것이다. 뭐라고 할까 아주 어릴 적 잊고 있던 몸속 어딘가의 감각을 다시 찾은 듯한 느낌이라고 할 수 있다.

게다가 영안이 열려 영적 사역을 하려면 주님께 허락을 받고, 내 힘으로 보는 것이 아니라 주님께 보여주십사 하고 기도해야 한다. 그렇기에 아주 새롭지만 새롭지 않은 감각임과 동시에 영적 능력을 정상적으로 사용하려면 따로 노력과 연습이 필요하다.

맨 처음 영안이 열렸을 때의 상태는 도수가 전혀 맞지 않는 안경을 쓴 것처럼 모든 것이 흐릿했다. 그랬기에 '내가 혼자 상상하는 것을 보고 있는 게 아닐까? 망막에 낀 먼지를 보고 있는 것이 아닐까?' 별별 생각이 다 들었다. 그러나 다양한 영적 훈련을 받으면서 내가 보고 있는 것이 영적 현상이라는 사실을 알았다. 나는 서서히 주님과 눈을 마주보는 일, 즉 각도를 맞춰가는 일이 즐거워졌다.

내 삶에 주님께서 동행하셨다는 것, 그리고 '내가 하는 행동 한 가지에도 악한 영이 역사하는 것은 아닐까' 한 번 더 생각해 보기 시작했다. 본부 센터에서 영안이 열린 후 미래의 계획이 바뀌는 사람들을 꽤 많이 보았다. 대부분 목회 쪽으로 방향을 선회하곤 했다. 그러나 내 미래는 주의 일을 하는 쪽으로 크게 선회하지 않았다.

영 분별 훈련을 하다

본부에서 배우면 배울수록 악한 영들은 다양했다. 조상 때부터 영향을 끼쳐온 미신 성향들부터 시작해서 자범죄로 인해 들어온 영들, 또는 '재물을 손해 보게 하는 영'이나 '앞길 막는 영' 같은 것이 존재한다는 사실을 알고 크게 놀랐다.

천사나 사역자들에게도 영적인 계급이 있다거나 막연하게만 알고 있던 천국에 대한 상세한 이야기들을 접할 때는 마치 묻혀 있던 비밀을 알게 된 것처럼 나는 설레었다.

정체성의 정립

나는 모태 신앙이었음에도 불구하고 성경적 지식이나 신앙과 관련된 지식들이 풍부하지 않았다. 개척 교회였던 터라 부모님께서는 늘 바쁘셨고 온 가족이 함께 시간을 보내는 일은 많았지만 영적인 시간을 따로 갖지는 못했다. 그렇기에 습관처럼 자리 잡은 신앙은 혼란스러운 시기에 나를 가장 많이 유혹하며 뒤흔들어놓기도 했다.

어떤 인도하심이 있었는지는 확실히 알지 못하지만 또래 아이들이 흔히 빠지는 술, 담배와 나는 거리가 멀었다. 그러나 마음 한구석은 혼란스러움이 자리 잡고 있었다. 내 존재의 의미, 세상의 의미, 더 나아가서는 철학적 탐구의 영역에 길게 빠지다가 결국 무한한 허무의 늪에 허우적대는 것이 일상이었다. 공허했고 무언가 채워지지 않아 답답했다.

회개하고 영적 훈련이 끝난 후 느낀 것은 이 모든 생각이 결국 자존감의 문제와 귀결되어 있다는 것이었다. 나 자신이 내 가치를 느끼지 못하게 되니 자꾸만 세상으로, 혹은 우주에서 의미를 찾았던 것이다.

실로암 센터에 오고나서 일어난 변화 중 무엇보다 확실한 것은 회개 전과 후의 내가 달라졌다는 것이다. 막연히 다가왔던 '하나님의 자녀'라는 단어가 새롭게 달라지는 것이 실시간으로 느껴졌다.

사역을 하면서

지난 몇 년간 아버지가 주도하시는 회개 사역에 참여하면서 많은 사람들을 만났다. 그중 절반 정도의 사람들은 자신들의 문제가 회개함으로써 해결되었다고 느끼자 다시 세상으로 돌아갔다. 그러나 성경에서 말하듯 회개로 깨끗하게 청소된 영혼의 집에 은혜와 보혈을 채워 넣지 않으면 더 많은 문제가 생기기 마련이다(눅 11:24-26).

내가 볼 때 그렇게 돌아간 사람 중 대부분이 당시 해결된 문제보다 더 큰 문제를 맞닥뜨렸고 쉽게 넘어졌다. 그러나 교회로 다시 돌아오는 사람은 보기 힘들었다. 회개는 다이어트와 비슷하다. 하다가 멈추면 악한 영들의 방해와 공격이 요요처럼 다시 찾아오는 것이다.

사역 초반에는 멋모르고 내 능력보다 약하든 강하든 악한 영들이라면 무작정 건드리고 쫓아내려 했다. 덕분에 고생도 조금 했다. 그 시간들은 마지막으로 내게 이 사역에 대한 확신의 쐐기를 쾅쾅 박아주었다. 상식적으로나 세상적인 기준으로 이해할 수 없는 많은 일들이 일어났고 직접 내 눈으로 목격했다. 글로만 읽고 남의 이야기로만 들었던 영적인 현상들이 내 앞에 펼쳐지자 신기하기만 했다.

지금도 사역을 하면 간혹 영안이 열리지 않은 사람들, 혹은 사역을 받기 위해 온 지 얼마 안 된 사람들로부터 질문을 받는다. "그게 정말 보여요? 진짜 그런 일이 있어요?" 이 두 가지는 항상 듣는 단골 질문이다. 나도 역시 두 가지 의문을 모두 가졌었기 때문에 자신 있게 대답한다. 하지만 역시 본인이 직접 겪어봐야 실감하게 될 것이다.

다원화 사회가 추진되어가는 중에, 하나님의 법은 염두에 두지 않고 자신의 인격적 관대함을 뽐내고 싶어서 성경적으로 용인되지 않는 죄들을 용인해주려는 사람들을 볼 때마다 안타깝다. 천국이 아닌 이 세상을 의지하고 살아가는 사람들 같아서.

결국 죽으면 자신이 한 말에 대한 책임을 분명 주님께서 물으실 텐데 사람들은 그저 '사랑의 하나님'에 치우쳐서 '심판의 하나님'을 망각한다.

이들은 회개를 중요시하지 않으며 오히려 세상에서 잘 먹고 잘사는 것만이 하나님의 복이라 믿는다. 옛 성인들처럼 살아가지 못하는, 세상에 찌든 자신을 변명하기 위해 천국을 평준화시킨다. 그 사람들에게 말하고 싶다. 성경을 열어 신약 전서를 펼쳐라! 그 안의 모든 이들이 외치고 있다. "회개하라, 천국이 가까이 왔다!"

아주 어릴 적 잊고 있던
몸속 어딘가의 감각을
다시 찾은 듯한 느낌이
라고 할 수 있다.

영적
천재들의
이야기

날마다 십자가를 져야 합니다

이베델(25세)
파주 교하 센터 목사님 자녀이며
실로암 본부 센터에서 사역과 훈련을 받고
영안이 열린 대학생

실로암에 오다

나는 목회자인 부모님과 함께 처음 실로암 선교회에 오게 되었다. 실로암에서 온 가족이 함께 우리에게 있는 미신 성향과 영 진단을 받고, 그에 따라 우리 조상들과 우리 자신의 죄를 회개하기 시작하였다. 두 달 정도의 시간 동안 회개 기도를 하였고, 나와 우리 자매들은 부모님이 먼저 하신 뜨거운 회개가 있었기에 조상들로부터 영향을 받은 죄와 미신 성향을 비교적 빠르게 끊어낼 수 있었다.

조상들로부터 영향을 받은 미신 성향이 거의 없어지고, 자신의 죄를 회개하고나니 임파테이션을 거쳐서 영안이 열리게 되었고, 사역할 수 있는 훈련을 받은 이후로부터 나는 '영안이 열린 자'로 지금까지 살아오고 있다.

영안이 열리니 나는 실로암에 있는 다른 영안이 열린 사람들과 같이 "주님 보시옵소서"라고 기도하고 기다리면 상대의 육이 아닌 영적 실체를 영적인 현상을 통하여 볼 수 있었다.

훈련과 사역

실로암에서 훈련을 받을 때의 이야기다. 한 사람을 눕혀 놓고 영적 눈을 열어서 보면 그 사람 곁에 있는 수호천사도 보이고, 그 사람 몸에 붙어 있는 여러 악한 세력들도 보였다. 천사들은 앞에 누워 있는 사람처럼 아주 세세하게 보이지 않았지만, 세력들은 여러 가지 모양으로 자세히 보였다. 세력의 모양은 주로 까만 실이 감겨 있는 것처럼 보였다. 그 실이 뱀의 형상으로 보일 때도 있었고, 밧줄로 보일 때도 있었는데 주로 까맣게 보였다.

세력들은 사람의 머리부터 시작하여 발가락까지 감겨 있거나 박혀 있거나 걸쳐 있었다. 이런 세력이 없는 사람이 없었다. 훈련을 받던 중에 세력을 보는데, 엄지발가락이 있어야 할 부분이 까맣게 보이고 발가락이 없어 보였다. 내가 본 대로 말씀 드렸더니 훈련해주시는 사모님께서 세력이 많이 감겨 있을 때 그렇게 형상이 가려져 신체 부위가 없어 보일 때가 있다고 알려주셨다.

어떤 사람은 두 발이 밧줄로 꽁꽁 묶여 있는 것이 보였는데 그것은 앞길로 나아가지 못하게 하는 영이었다. 팔이 이유 없이 아픈 사람을 보면 그 팔에 세력들이 엉키고 감겨 있는 것이 보였다.

세력들이 보였다면 그 세력들과 싸울 수 있는 무기도 내게 있었다. 기본적으로는 칼이 있었는데, 내가 열심히 사역하고 열심히 기도하면 주님께서 내게 더 크고 강한 칼을 선물로 주셨다. 칼 외에도 싸울 무기를 주신다.

선물을 주실 때는 주님께서 직접 내 앞에 계셔서 그것을 나에게 건네주셨는데, 주님의 얼굴까지는 보이지 않았고 발에서부터 무릎 정도까지가 보였다. 어떤 때에는 주님이 와 계시다는 사실만 알 수 있었다. 하지만 언제나 선물을 받을 때면 정말 기쁘고 은혜로웠다.

교회에서 사역하면서

그렇게 영안이 열린 사역자가 된 후 목사님이신 아버지와 우리 가족은 교회에서 사역을 하기 시작하였다. 교회의 교인들이나 우리 지역에서 영적으로 고통 받고 있는 사람들을 진단하고, 회개를 가르쳐주고, 그 세력들을 쫓아내는 사역을 하기 시작했다.

사람을 눕히고 영적 진단을 할 때 눈만 감으면 세력들보다 주로 그 사람의 영적인 몸의 모습이 보였다. 다리가 꺾여 비틀어진 상태로 보이기도 하였고, 손이 아예 없거나 붕대를 감은 것으로 보이기도 하였다. 어떤 때는 눈을 감자마자 다리가 너무 마르고 비틀어진 것이 보여서 깜짝 놀란 적도 있었다. 주님께 여쭈어 보니 그것은 그 사람의 영적인 상태라고 알려주셨다.

우리는 세력들에게 명령하고 손으로 뽑아내면서 세력들을 쫓았는데, 사역을 받는 사람이 회개를 잘 하고 기도를 많이 하고 왔을 때 훨씬 더 잘 쫓겨나갔다. 우리가 아무리 세력들을 잘라내고 뽑아내고 나오라고 명령하여도, 그 사람이 그 세력, 곧 죄에 대한 회개가 되어 있지 않은 상태이면 세력들이 나오다가 말았다. 그리고 사역을 하는 나 자신도 평소에 주님과의 관계를 가까이 하고 기도와 회개를 많이 한 상태일 때 세력들을 잘 쫓아낼 수 있었다.

신기한 것은 사역을 하면 할수록 세력을 쫓아내는 능력이 점점 강해진다는 것이었다. 특히 나보다 더 많이 사역을 하시고 기도를 많이 하셨던 아버지께서 처음에는 세력들을 직접 뽑아내고 힘들게 사역해야 세력들이 몸에서 나갔는데, 나중에는 말로만 명령하셔도 세력들이 머리를 숙이고 두려워하면서 쫓겨 나갔다.

또한 교회 사역을 하면서 가장 흥미로웠던 것은 사람들의 미래나 비전을 보는 '스토리텔링' 사역이었다. 내 눈 앞으로 영사기로 비춘 작은 스크린이 떴고, 거기에 사역 받는 사람의 미래의 모습들이 상징적으로나 직접적으로 보였다. 영화처럼 장면들이 지나갔고, 스크린이 가끔 흐려지거나 중간에 끊기기도 하였다. 특히 성도님들의 신앙생활에 대한 스토리텔링을 많이 하였는데, 상징적인 모습들을 많이 보았다.

예를 들어 어떤 집사님이 어두운 곳에서 혼자 앉아 있다가 문을 열고 나와 초록색 잔디가 깔린 넓은 들판에서 아이들을 만나 그 아이들의 손을 잡고 기쁘게 찬양을 하며 숲으로 가서 거닐고, 숲을 지나 교회로 나아오는 모습이 보인 적도 있다. 그 집사님은 아동부 교사를 맡고 계셨고, 아이들을 사랑으로 돌보셨다. 그리고 그때 그 집사님은 아주 힘든 상황을 겪고 계셨는데, 나중에 교회에서 생활하시면서 점점 나아지셨다.

매주 토요일이면 교회의 본당에 있는 세력들을 보고 그것들을 쫓아내는 사역을 하였다. 본당 안에 있는 세력들을 보면 뱀의 모양으로 가장 많이 보였고, 그 뱀들(세력들)은 교묘하게 숨어 있기도 했다.

예를 들어 벽과 벽이 만나는 구석(선)에 뱀이 서 있기도 하고, 천장에 장식의 모양을 흉내내며 달려 있기도 하였다. 또 가끔 어린 꼬마 귀신도 보였는데, 그것들은 눈이 있어야 할 곳이 깊숙이 파여 아주 까맣고 어두웠다. 입은 아주 크게 찢어져 있어 흉측했다. 세력들을 보고난 후에는 명령하고 토막 내면서 세력을 쫓아냈고, 다 쫓아낸 뒤에는 보혈의 피를 본당에 뿌렸다.

수련회를 통해 마음을 다잡다

이렇게 회개를 알게 되고 또 영안이 열리게 된 것은 하나님의 큰 은혜였고 귀중한 것이었는데, 2년 정도 시간이 흐르고 대학생이 되자 그 은혜를 많이 잊게 되었다. 그 귀중한 것을 소중히 하지 못하고, 나를 끔찍이도 사랑하시는 주님의 손을 여러 번 놓고 세상으로 달려갔다. 알면서도 무뎌졌다. 끔찍한 일이었다. 영안이 열린 사역자가 구별된 삶을 살지 못하면 그는 수많은 영혼들을 시험에 들게 하고, 그들을 잘못된 길로 인도하게 되기 때문이다.

내가 세상에 한눈을 팔았을 그때에는 사역을 하고 있지 않았기에 정말 다행이지만, 그 시간들이 얼마나 아깝고 후회되는지 모른다. 그런 미지근한 모습으로 2년을 보낸 나는 실로암 겨울수련회에 와서 다시 채찍을 맞고 돌아오게 되었다.

수련회 중에 '주님이 주시는 말씀'을 한양훈 목사님께 듣는 시간이 있었다. 항상 '주님이 주시는 말씀'을 받을 때 좋은 말과 칭찬들만 들었었는데 그때에는 주님께서 아주 무서운 목소리를 내셨다. 그렇게 크게 혼이 나고 나는 다시 한 번 깨달았다. 세상에는 좋은 것이 하나도 없다고. 그리고 눈물을 흘리면서 땅을 쳤다. "주님 죄송해요"라고밖에 할 말이 없었다. 그 후로 나는 세상으로 향하거나 죄를 짓지 않기 위해 노력하고 기도하고 있다.

지옥을 보다

그 시간 이후 지옥을 보는 시간이 있었다. 그것이 내가 영안이 열린 후 본 것 가운데 가장 기억에 남는 것이다. 그때 내가 본 것은 지옥의 일부분들이지만, 아직도 그 장면들이 눈앞에 생생하다. 지옥의 입구부터 차례대로 보지는 못하였고 처음부터 어떤 한 장면이 보였다.

첫 번째 장면은 외줄타기를 할 때처럼 양쪽에 막대기가 높이 꽂혀 있고 줄이 그 양 끝에 묶여 있는데, 사람이 그 줄에 올라 지나가는 장면이었다. 그런데 그 줄은 실처럼 얇은 칼이었다. 사람이 그 위로 발을 내딛자 그대로 몸이 잘려 동강나 바닥으로 떨어졌다. 그리고 바닥에 떨어진 토막난 몸들은 아주 작은 칼들로 으깨어져 한 액체로 다시 뭉쳐졌다. 그리고 다시 한 몸으로 돌아갔다.

그것을 더 자세히 보기 전에 바로 나음 공간이 보였는데 그 곳은 목욕탕처럼 생긴 곳이었고 어둡고 퀴퀴했다. 공간 안에는 네모난 탕이 열 개 정도 있었고, 그 탕들은 아주 어두운 갈색의 더러운 오물로 가득 흘러넘치고 있었다. 그 탕은 깊이가 15미터는 되어 보였고, 깊어질수록 그 넓이가 좁아져 마지막에는 사람 한 명이 쪼그리고 들어갈 수 있을 만한 공간으로 이루어져 있었는데, 그곳에 사람이 한 명씩 틀어박혀 있었다. 그 사람들은 오물이 코와 귀와 입으로 계속 꾸역꾸역 들어오는 것을 막을 길이 없었고, 숨도 쉬지 못하였다. 움직이지도 죽지도 못하는 모습이었다.

그리고 다음 장면으로 넘어갔는데, 어느 감옥 같은 공간 앞에 있는 괴물 하나를 보았다. 그 괴물은 황소와 같은 몸집에 머리가 여러 개였는데, 머리는 사나운 투견과 같은 형상을 하고 있었다. 이빨은 촘촘하면서도 강하고 날카로웠다. 그 괴물은 인상을 험악하게 쓰고 금방이라도 물것처럼 입을 벌린 채 으르렁거리고 있었다.

여기까지 봤을 때 한 목사님께서 깨우시는 소리가 들렸고, 일어나 멍하게 앉아 있었다. 생각해보면 너무나 끔찍하고 잔인하고 징그러운 장면들을 보는 그 순간에는 끔찍함을 느끼지 못하였는데, 그것이 사실이라고 믿기에는 너무 엄청나다고 생각되었기 때문이었던 것 같다.

느낌과 다짐

내가 지금까지 영안이 열린 사역자로 살아오면서 느끼고 깨달은 것은 영안이 열렸다고 해서 훌륭한 사역자가 아니며, 영안이 열렸다고 해서 완벽한 사역자가 아니라는 것이다. 아무리 영안이 열렸어도 주님과 가까이 하지 못하고 성령이 충만하지 않으면 똑같이 죄에 무너지고 넘어졌다. 영안이 열리지 않은 사람들과 똑같이 행동했다.

나는 영적인 세계를 경험했고 알면서도 그 영적인 세계를 나도 모르게 묻어버리고 살아가고 있었다. 이미 회개했던 일들에 또다시 넘어졌다. 그러면서 너무나 모순되게도 나는 영안이 열린 사람이라는 것 때문에 내 믿음과 신앙이 다른 사람들보다 올바르다고 생각하고 있었다. 그것이 바로 교만이었다.

영안이 열린 것은 분명 큰 축복이며 아주 귀중하고 감사한 것이다. 하지만 그것을 정말 큰 축복으로, 정말 귀중한 것으로 만들기 위해서는 날마다 나 자신을 치고 정말 십자가를 지고 살아가야 한다는 사실을 깨달았다. 그것은 어쩌면 주님의 손을 놓고 세상으로 달려갔던 때가 있었기에 그것이 얼마나 허무하고 아까운 시간인지를 알게 되었기 때문일 것이다.

같은 죄에 넘어지는 사람들의 마음을 더 깊게 이해할 수 있게 되었고, 누구도 판단해서는 안 되겠다는 다짐도 할 수 있었다. 하지만 다시는 그 과정을 밟지 않기 위해 노력할 것이다. 하나님을 기쁘시게 해드리는 사역자, 하나님의 나라를 꿈꾸는 사역자가 되고 싶다. 하나님, 감사합니다.

내가 열심히 사역하고
열심히 기도하면
주님께서 내게 더 크고
강한 칼을 선물로
주셨다.

주님 안에서 완성되어갑니다

이소진(32세)
서울 승리하는 센터 목사님 자녀로
실로암 본부 센터에서 사역과 훈련을 받고
영안이 열린 후 한양훈 목사님의 비서 겸
실로암세계선교회 간사로 근무 중인 청년

영적인 갈급함에 목마르다

나는 모태 신앙으로 철들기 전부터 교회에 가는 것을 당연히 여기고 자랐다. 어렸을 때 우리 어머니는 교회를 다니셨지만 아버지는 다니지 않으셨다. 아버지는 내가 초등학교 다닐 때 집안이 어려워지면서 의지할 곳을 찾아 교회에 나오시게 되었고 초신자이시면서도 큰 은혜를 체험하신 후 신학교에 가셔서 목사님이 되셨다.

나는 어렸을 적부터 교회를 다니면서 하나님이 세상을 만드셨고 주님이 나를 위해 죽으셨으며 성령님이 나와 함께하신다는 사실을 당연한 것으로 생각하고 자랐지만, 주님이 나를 얼마나 사랑하시는지에 대한 체험과 확신은 부족하여 항상 갈급해 했다.

교회에서는 부흥회를 자주 했는데, 그때마다 성령 충만을 부르짖곤 했다. 당시 초등학생이었던 나도 성령 충만을 받으면 사도들처럼 능력의 사람이 되고 천사처럼 죄를 모르는 완전하고 깨끗하고 선한 사람으로 변할 것이라 기대하면서, 부흥회마다 가족과 함께 참여하여 울면서 회개하고 성령 충만을 달라고 기도하였다. 하지만 부흥회가 끝나면 아무런 변화도 일어나지 않자 많이 실망한 채로 돌아오곤 했다. 그래서 하나님이 나를 사랑하지 않으셔서 성령을 주시지 않는 것이라 생각하고 우울해하기도 했다.

주님의 음성을 듣고 주님과 동행하며 살았던 성경 속 인물들의 이야기를 들으며 그렇게 되지 않는 자신에 대해 속상해하고 하나님께 별로 사랑받지 못한다는 슬픔으로 신앙에 대한 회의에 빠지게 되었다.

그 후로는 세상에서 불신자들과 별 차이 없이 살면서 내 마음속에는 정말 하나님이 나를 사랑하신다면 나를 혼내서라도, 아니면 무언가 큰 이적을 보이시며 다시 돌아오게 하시리라고 생각했다. 하지만 일상은 너무나 평범하게 흘러갔다.

그러다가 도저히 채워지지 않는 갈급함을 풀어보고자 이곳저곳 수련회도 다니고 가족과 함께 성령님의 역사가 강하게 나타난다는 집회를 많이 찾아다녔다. 작은교회연합이라는 곳의 집회에도 많이 다녔고, 불세례를 준다는 인천 어느 교회의 집회에는 3년 정도 다녔다. 그곳에서 방언의 은사를 받고 밤마다 뜨겁게 기도도 하였다. 그곳을 다니며 매일 5-6시간밖에 못 자면서도 은혜를 구하며 목이 쉬도록 부르짖어 기도하였다.

하나님을 만나는 꿈을 꾸다

한창 밤마다 방언과 기도를 하던 어느 날 나는 잠을 자다가 꿈을 꾸었다. 꿈에서 나는 깜깜한 곳에서 기도를 하고 있었다. 그런데 갑자기 환한 빛이 생기더니 그 빛이 사람의 형상이 되었다. 그분이 예수님이신 것을 곧 알게 되었고 내가 영안이 열렸구나 하는 생각이 들었다.

그 순간 시야가 온통 빛으로 환해지더니 큰 빛으로 된 보좌가 보이고 그 위에 앉아 있는 빛의 덩어리가 보였는데 큰 빛의 사람이라는 느낌이 들었고 그분이 하나님이시라는 것을 알았다. 예수님과 하나님을 만났는데 성령님은 어디 계시나 하고 생각하는 순간 어디선가 바람이 불더니 그 바람이 사람의 모습으로 바뀌었는데 그분의 맑고 선한 눈동자가 보였다. 그분이 성령님이신 줄을 알 수 있었다.

그리고 뒤를 돌아보았는데 여러 사람이 보좌 앞으로 날아 올라오는 모습이 보였고 그 사람들도 영안이 열려 보좌 앞으로 나오는구나 하고 생각했다. 그때 주님께서 나에게 여러 말씀을 하셨는데 잠에서 깬 순간 기억나는 말씀은 "기도하라"는 단 한 마디였다. 꿈에서 깬 나는 하나님께 감사 기도를 드렸다. 비록 꿈일 뿐이었지만 하나님을 만날 수 있도록 해주셨으니 너무나 감사했다. 그 뒤로 잠을 잘 때마다 꿈속에서 다시 만나주시기를 기도한다.

그 뒤로 지금까지 천국의 꿈을 다시 꾸지 않았지만 꿈속에서 용을 만나기도 하였고 뱀이나 두꺼비, 누에 등 동물의 모습이나 사람의 모습을 한 다양한 세력들을 만나 많이 싸운다. 나중에 안 것이지만 이것들의 정체는 악한 세력들이었다.

실로암을 만나다

인천의 교회에 다니다가 우연한 기회로 실로암 예사랑 센터에 대해 알게 되었다. 그곳에서 사역을 받고 영안이 열려서 훈련을 받았다. 하지만 아버지께서 하나님의 음성을 듣는데 잘 분별이 되지 않아서 힘들어하셨다. 그래서 사역자 모임에 갔다가 박영미 사모님의 권유로 본부 센터에 와서 다시 한 번 더 깊이 사역을 받고 영안이 열리는 훈련을 받았다.

회개를 하다

처음 영 진단을 받고 회개에 대해 들었을 때 정말 열심히 회개하였다. 실로암에 오기 전에도 성도의 몸에 악한 영이 있다는 것에 대해 들었었지만 이렇게 구체적으로 알려주고 사역해주는 곳이 없었다. 이 회개를 통해 주님의 사랑을 더 깊이 느낄 수 있게 되고 영안이 열려 주님도 볼 수 있게 된다는 기대감에 정말 열심히 하였다.

유치원 교사로 몇 년 동안 일하면서 몸이 많이 지쳤지만 집에 오면 꼭 밤마다 기도하고 자고, 아침에 일찍 일어나 출근하는 생활을 하였다.

특히 부모님들은 정말 열심히 회개를 하셨고 언니와 동생, 외삼촌까지 함께 동참하여 열심히 회개하였다. 개척 교회로서 우리 교회에는 우리 가정과 외삼촌 가정 등 성도가 별로 없었는데 이렇게 목회가 어렵고 성도들의 가정도 어려운 것은 악한 영들의 방해라는 사실을 알고 더 열심히 기도했다.

영 분별 훈련을 하다

내가 임파테이션을 받고 영안이 열리는 훈련을 받았을 때 영안이 확 열린 것이 아니라 처음에는 긴가민가하는 생각과 내가 혼자 상상하는 것은 아닌가 하는 의심도 많이 들었다. 하지만 여러 가지 훈련을 하면서 그런 의심이 많이 사라졌고, 영안이 한 번에 확 열리는 사람도 있고 천천히 회개와 훈련을 통해 깨끗하고 확실하게 열리는 사람이 있다는 말을 듣고 용기를 얻었다.

나는 직장에 다니고 있었기 때문에 주말마다 와서 훈련을 받았다. 다양한 세력의 모습과 그 이름들, 스토리텔링, 주님 주시는 말씀, 은사 진단, 심령의 물과 그릇 보기, 수호천사 보기 등 많은 훈련을 했다.

나와 같이 훈련을 받은 팀은 모두 목사님 자녀들로만 구성되었는데, 직장이나 학교를 다니는 청년들이었기에 주말에만 모일 수 있었다. 본부 목사님과 사모님께서 오랜 기간 동안 우리를 훈련해주셨다. 그때 받은 훈련 내용들을 수첩에 기록해놓았고 지금도 가끔 보면서 우리 센터에 오는 사람들을 진단하고 훈련시키는 데 사용하고 있다.

훈련을 통해 영안이 열리고 주님을 보고 대화를 나눈 후 주님이 나를 택하셨고, 특별한 뜻과 계획, 목적을 가지고 이 땅에 보내셨으며, 지금까지 이끌어주셨고 앞으로도 인도해주실 것을 알게 되었다. 그리고 주님께서는 나를 많은 영혼들을 주님께로 인도하는 열매 거두는 자로 보내셨다는 사실을 알게 되었다.

더 깊은 훈련을 체험하다

직장에 다니는 동안에는 유치원 방학 기간과 실로암 수련회 기간이 맞지 않아서 수련회를 참석하지 못해 많이 아쉬웠었다. 그렇지만 사역자 모임 때와 수련회를 위한 특별 진단 사역을 훈련할 때 한양훈 목사님께서 나를 부르셔서 고급반 아이들과 함께 훈련받을 수 있도록 해주시고 사역자 모임 때에 많은 목사님, 사모님들, 집사님들과 청년들에게 사역해주도록 지도하셨다. 그리고 훈련 기간 동안에 받지 못했던 깊은 훈련들도 고급반 아이들과 함께 받도록 해주셨다.

한양훈 목사님 비서로

이렇게 실로암 본부 센터에서 열심히 훈련받는 모습을 보고 한양훈 목사님께서 나를 좋게 봐주셔서 직장을 그만두고 비서로 올 것을 권유하셨다. 그러면 사역도 해주시고 잘 훈련시켜주겠다고 말씀하셨다. 그러자 부모님은 여름방학 전에 당장 유치원을 그만두라고 하셨다. 하지만 유치원은 1년 담임제이기 때문에 학기 중간에 그만두는 것은 안 된다고 말렸다. 결국 그 다음해 2월 아이들을 졸업시키고 바로 실로암으로 와서 목사님 비서 겸 실로암세계선교회 간사로 근무하게 되었다. 바로 2011년 2월에 있었던 일이다.

실로암 본부 센터에서 일하게 되면서 사무일도 보고 사역받는 분들을 위해 영 진단, 은사 진단, 깊은 회개 진단, 주님 주시는 말씀 등을 하기도 했다. 또한 내가 오자 목사님은 그동안 준비하셨던 책을 다듬어 출판을 하시겠다면서 도와달라고 하셔서 책을 수정하고 타이프치고 편집하는 일들을 도와드렸다. 지금도 많은 분들이 은혜받고 있는 한양훈 목사님의 책이 만들어지는데 나를 사용해주시고 이름도 올라가게 되어 하나님께 영광 올려드리며 한양훈 목사님께 감사드린다.

그 후 실로암 수련회에 몇 차례 참석했지만 모두 간사로만 참석하여 뒤에서 일하느라 수련회의 은혜를 마음껏 만끽해보지 못한 것에 대해 아쉬움이 많았지만 이렇게 주님을 위해 일하면서 얻은 것도 많기에 감사드린다. 앞으로 목사 사모가 되려고 마음먹었으니 계속 잘 배우고 미래의 남편 목사님을 함께 도와 교회를 잘 이끌어갔으면 좋겠다.

영적 답사를 다닌 일

실로암 본부 센터에서 일하면서 한 목사님과 실로암 선교회의 여러 목사님들이 함께 영적 답사를 다니시는 곳에 나도 같이 가게 되었다. 우리나라에서 큰 산으로 무당들이 신 내림을 위해 많이 다닌다는 곳을 골라서 다녔는데 마니산, 계룡산, 지리산 등이었다. 산마다 그 지역을 관장하는 큰 영들이 많이 역사하고 있어서 그 산에 올라 그 영들을 진단하고 함께 회개하고 사역하였다. 한나절 회개와 사역으로 산의 영들이 다 없어진 것은 아니지만 많이 깨끗해진 모습까지 확인하고 돌아오곤 하였다.

2012년 6월에는 샤머니즘의 발원지라 불리는 러시아의 바이칼 호수로 영적 답사를 다녀왔다. 처음 나가는 외국 여행으로 나는 많이 들떴고 밤 비행기를 타고 가면서도 창 밖을 구경하느라 쉽게 잠들지 못하였다. 러시아의 이르크추크와 바이칼 호수, 알흔 섬을 관광하고 샤먼 바위에서 진단과 사역을 하였다. 샤먼 바위와 바이칼 호수에는 많은 악한 영들이 있었는데, 특히 호수에 악한 영들이 아주 많았고, 굵고 길이가 긴 그 세력들은 물결과 함께 움직이면서 호수를 누비고 다녔다. 그래서 그런지 바이칼 호수의 물은 너무나도 차가웠다.

우리나라 산들을 다니며 보았던 악한 영과의 차이도 알 수 있었다. 그 곳의 영들은 샤먼의 긴 역사만큼이나 오랜 세월을 지내며 길게 뻗어나간 세력들이 많았고, 우리나라는 짧은 역사지만 강하게 나라 곳곳에 퍼진 만큼 굵고 짧은 세력들의 모습이 보인다.

앞으로도 다양한 나라를 다니며 악한 영들의 세계에 대해 더 넓은 지식과 경험을 쌓고 싶다. 나를 알고 적을 알아야 백전백승이니 말이다. 아프리카의 토속 신앙이 강한데 그쪽에도 가보고 싶고, 중국에서는 용을 좋아하고, 티벳은 불교가 강하고, 인도나

이집트 등 나라, 민족, 종교에 따라 악한 영들이 어떻게 자리하고 있는지 알아본다면 좋을 것 같다.

영안이 열린 후 변화

사실 나는 목사 사모가 되는 것을 원하지 않았었는데 주변 많은 분들이 목사 사모가 나에게 어울리며 잘할 것 같다는 말씀을 많이 하셨다. 기도를 많이 하시는 분들, 영적으로 민감하고 주님과 대화를 하신다는 분들도 그런 말씀을 하셔서 당황했었다. 사모가 된다는 것이 얼마나 힘든 것인지 어머니의 삶을 보아도 알 수 있고, 그런 사역자로서 잘할 수 있을지 나도 자신이 없었다. 주님께서 나를 그런 사람으로 쓰시려고 부르셨다는 것도 믿지 못했다.

하지만 박영미 사모님의 스토리텔링, 수련회에서의 진로 상담을 통해서 주님께서 나에게 사모로서의 사역을 하기 원하신다는 사실을 알게 되었다. 그리고 이렇게 훈련할 수 있도록 하신 것은 그런 뜻이었다는 사실을 깨닫게 되었다. 앞으로 더 열심히 훈련받고 영안도 더 잘 열리면 사모로서의 사역을 잘 감당할 수 있을 것으로 생각되어 긍정적인 마음으로 사명을 받아들이기로 했다. 주님께서 원하시면 좋은 배우자이자 미래의 훌륭한 목사님이 될 가능성이 있는 사람을 만나게 해주시리라 믿고 기도하고 있다.

유치원에서 일할 때 스트레스를 너무 많이 받아 몸도 마음도 지치고 힘들었던 나의 모습이 지금 실로암에서 있으면서 많이 변화된 것을 느낀다. 많이 밝아지고 자신감이 생겼다. 주님께서 정말 나를 사랑하셔서 이런 귀한 자리로 인도해주시고 주의 나라를 위하여 사용해주신다는 사실을 깨달아 마음의 갈급함이 많이 채워지고 있다.

그리고 우리 교회는 실로암 승리 센터라는 이름을 받아 영적으로 힘들어하는 사람들을 돕고자 노력하고 있다. 나도 주말이면 집에 가서 찾아오시는 분들에게 영 진단도 해드리고 사역과 훈련도 해드리면서 부모님의 사역을 돕고 있다.

우리 가족은 지금도 계속 서로의 영적 성장을 위해 함께 회개하고 기도하고 영적인 대화를 나누면서 격려해주고 있다. 일대 믿음으로 악한 영들과 고군분투하시는 부모님이 너무나 자랑스럽고, 이렇게 믿음의 가정을 이루게 해주셔서 너무나 감사하다.

승리 센터에서 사역하면서

우리 센터에 하나님의 인도하심으로 사역을 받으러 오시는 분들은 내가 진단을 해드리고 부모님께서는 사역을 하신다. 우리 센터에 오셔서 진단과 사역을 받으신 분들 가운데는 목사님도 계시고 사모님, 집사님, 권사님, 일반 성도님들도 있었는데 진단만 받고 가시거나, 사역을 받다가 가시거나, 훈련을 받다가 가신 분들이 많다.

그 중 우리 교회에 정착한 성도님이 한 분 계시는데 우리 외삼촌이신 설 집사님의 친구 분으로 교회에 처음 나오신 초신자이시다. 그분은 영 진단을 받으시며 자신에게 딱 맞다고 하시면서 자신의 죄를 깨닫고 열심히 회개하셨다. 그러자 세력들이 온 몸에서 피부를 뚫고 나오면서 피부병처럼 진물이 나고 부스럼이 생기고 가려워 기도하기를 힘들어하셨다. 하지만 그런 어려움에도 불구하고 더욱 열심히 기도하시자 조금씩 피부가 정상으로 돌아오기 시작하셨다. 이제는 많이 좋아지셨다. 이렇게 몸으로 직접 체험을 하니 믿음이 견고해지셨고 교회 나오신 지 몇 개월 되지 않으셨는데도 벌써 성경을 3독이나 하셨을 정도로 열심히 신앙생활을 하신다.

우리 가족이 회개하고 영안이 열리면서 교회의 큰 변화와 성장을 기대했었는데 양적 성장은 많이 이루지 못했지만 이렇게 귀한 한 영혼을 살리는 데 쓰임받고 있는 점을 볼 때 질적으로 많이 성장했다는 사실에 대해 감사한다. 그리고 앞으로 더 많이 쓰임받고 축복의 통로가 더 활짝 열릴 것이라 기대한다.

앞으로의 다짐

사역을 하다보면 어떤 분들은 왜 회개를 하고 영안이 열렸는데 자기 삶에 큰 변화가 없느냐, 축복이 열리지 않느냐, 회개를 언제까지 해야 하느냐 하고 묻는 분들이 있다. 물론 나도 그 사람들 중에 포함된다.

그 말을 들으며 곰곰이 생각해보았다. 은사를 받았다는 것은 성령을 받았다는 것이고, 내가 그렇게 찾아 헤매던 성령 충만이 바로 이것이라는 사실이다. 물론 나는 아직 회개가 덜 되었고 성령으로 충만하게 채워지지 않았지만 그렇게 되어가고 있다고 말할 수 있다.

나는 내가 기대하던 것처럼 사도들과 같은 능력과 천사와 같은 완전한 선에서 한참 멀리 있다고 본다. 아직도 세상의 유혹을

이기지 못하고 있고 죄성을 끊지 못하고 있다. 하지만 말씀을 읽고 듣고 기도하면서 깨달은 것은 어차피 완전한 구원은 이루어지지 않았고 죽을 때까지 이루어가야 하는 것이라는 사실이다.

나는 완성품이 아니고 완성되어가는 중이다. 모든 것은 내가 죽는 순간, 천국에 가서 주님을 만나는 순간에 이루어지는 일이기 때문이다. 그 때까지 나는 매일 고민하고 견디고 싸우고 부딪치며 살아갈 것이다. 그 과정을 통해 성장하고 다듬어지고 연단되어지며 주님의 목적과 계획에 맞춰질 것이다. 그것이 바로 성화의 길이라 생각한다.

따라서 눈앞에 보이는 결과와 상급을 생각하지 않고 장기적인 안목으로 보고 나아가기로 마음먹었다. 회개는 죽을 때까지 하는 것이고, 축복은 죽기 전에만 받으면 되며, 죽은 후에는 더 많이 받을 것이니 받지 못해도 괜찮다고 긍정적인 마인드를 갖기로 하였다. 그러자 조급했던 마음에 여유가 생겼다.

이제 주님의 때가 얼마 남지 않았다고 다들 말씀하신다. 마지막 때에 사역자로 불러주시고 훈련시켜주신 것은 앞으로 귀하게 쓰실 것이기 때문이라고 믿는다. 천국에 들어가는 날까지 주님을 믿으며 날마다 회개하고 주님의 은혜와 긍휼을 구하며 주님이 맡겨주신 사명을 다하고 싶다. 그리고 가장 중요한 나의 기도 제목은 내 안이 주님으로 충만히 채워지는 것이다. 주님께는 능력, 사랑, 은사, 은혜, 지혜, 지식 등 모든 것이 있으시니 주님만 오시면 다른 모든 것은 채워지게 되기 때문이다.

나의 영혼이 주님의 신부로서 순결해지고 거룩하여지며 주님과 하나가 되기를 간절히 소망합니다. 주님, 저에게 임하여주세요. 주님으로 날마다 채워지기 원합니다. 충만히 임하여주세요. 주님의 빛, 주님의 사랑, 주님의 은혜, 주님의 보혈, 주님의 긍휼, 주님의 모든 것을 저에게 부어주세요. 저는 주님이 필요합니다. 주님 저에게 임하여주세요. 예수님의 이름으로 기도합니다. 아멘.

나는 완성품이 아니고
완성되어가는 중이다.

영적
천재들의
이야기

나오는 글

2013년 1월 14일부터 17일까지 대전 헬몬수양관에서 제7회 실로암 청소년 동계수련회가 열렸다. 청소년 40여 명과 목사님과 사모님 17명이 참석하였다. 지금까지 겨울이면 목회자 자녀들을 중심으로 수련회를 개최했었는데 이번에는 처음 참석한 사람들도 일부 있었다. 나는 나의 제자들의 영적인 능력과 삶에 대해 많은 관심을 기울였고 수련회 기간 동안 그들에게 자신들의 이야기를 글로 옮기도록 권면했다. 그래서 제자 26명의 글을 책으로 펴내게 되었다.

머리말에서 말한 것처럼 나는 이들이 이 시대의 영적 천재들이라고 감히 말할 수 있다. 이 책을 다 읽었다면 내 말에 동의하지 않을 수 없을 것이다. 지난날 이성적인 유럽 사회와 교회에서는 영적인 능력을 사탄의 역사로 볼 때도 있었다. 때문에 그들은 많은 핍박을 받았다. 그것은 마녀사냥이라는 왜곡된 형태로 나타나기도 하였다. 실제 귀신이 들려서 횡설수설하거나 귀신이 가르쳐준 말을 하나님의 말씀이라고 속였던 사람들도 있다.

하지만 경건하고 거룩하게 살면서 하나님과 교통하거나 천사를 보는 사람 또는 귀신을 보거나 쫓아내는 탁월한 능력을 가진 사람들조차 귀신들린 것으로 오해하여 폭력을 휘두르거나 죽이기까지 하였다. 그들은 자기들이 주의 나라를 위하여 옳은 일을 한 것으로 착각하였다. 이것은 영적인 분별력이 없는 교회가 지은 죄다. 이러한 잘못된 행위는 지금까지도 '마녀사냥 식'이라는 비판의 대명사가 되었다.

성경에서 보는 것처럼 탁월한 인물들도 수많은 실수와 허물과 연약함을 보여주었다. 우리의 시각으로 볼 때 도저히 용서받기 어려운 죄를 지은 사람들도 많이 있다. 그러나 그들은 위인들이고 하나님께서 사랑한 사람들이었다. 이 시대의 영적 천재들도 크게 다를 바 없다. 이들이 비록 다른 사람들이 경험하지 못한 영적 세계를 경험하며 놀라운 능력을 소유하였다 할지라도 어쩔 수 없는 허물 많은 죄인인 것이다. 더군다나 이제 막 자라

나는 청소년들과 청년들일 경우에는 눈에 보이는 허물과 부족함이 더 많이 나타날 것이다.

그들에게는 젊음이 있고 문명과 문화의 영향을 받을 수밖에 없는 것이다. 그들도 음식을 먹어야 하고, 옷도 입어야 하며, 문화생활을 즐길 수 있는 것이다. 그리고 직장에 가서 경제 활동도 해야 한다. 어떤 때는 유흥업소에 갈지도 모른다. 그렇다고 그들이 영적 천재의 자리에서 떨어지는 것은 아니고, 몇 가지 실수를 저질렀다고 하나님이 버리신다거나 타락한 자가 되는 것은 아니다. 우리는 그 예를 성경에서 얼마든지 볼 수 있다. 그러므로 그들을 함부로 판단하거나 비판하는 것은 어리석은 일이다.

여기에 글을 올린 내 제자들은 원천적으로 주님의 제자들이다. 그들은 미래의 주인공임에 틀림없다. 그들은 주의 나라를 위해 크게 공헌할 사람들이다.

교회사를 보면 어느 때에는 믿음에 있어서 이성이 강조되기도 하고 어느 때에는 체험이 강조되기도 했는데 이제는 이 두 가지가 다 필요한 때이고, 분리될 수 없는 중요한 요소이다.

이 두 가지를 소유한 숨어 있는 영적 천재들도 이 땅에 많이 있을 것이고, 나는 그들이 보고 싶고 또한 훈련하고 싶다.

나의 제자들이 쓴 이 글들은 그들의 글인 동시에 내 글이라고 할 수 있다. 그러므로 그들의 개인적 영적 체험에 대해 상당 부분 내가 인정하고 보호해야 할 것이다.

나와 제자들은 주님이 오시는 그날까지 날마다 회개하여 거룩하여지고, 주님이 허락하시는 탁월한 영적 능력으로 사탄과, 세상과, 죄와 싸우며, 이 세상 곳곳에 아름다운 교회를 세워나가기 위해 힘쓸 것이다. 주님은 지금도 살아계신다.